U0525266

天壹文化

北京市海淀区文学、分类イ方法研讨

征战

大清帝国的崛起

侯杨方 / 著

天地出版社　TIANDI PRESS

序言

还原高度分裂的清朝

中国几千年历史，几十个朝代，清朝可以说是争议最大、众人对其感情最复杂的一个朝代，原因显而易见：清朝是由少数民族建立的，又是中国最后一个帝制朝代。一方面，清朝在入主中原争夺天下过程中，有"扬州十日""嘉定三屠""留发不留头"、文字狱等斑斑劣迹；在西北欧迈进工业化的时代，对西方列强入侵的应对十分拙劣，割地赔款，丧权辱国……而另一方面，拜影视作品、通俗小说之赐，"阿哥""格格""皇阿玛"满天飞，清朝的帝王将相有了一大批粉丝，他们竟然成了流行娱乐明星。这两种极化的视角当然不可能提供足够丰富的历史图像。

从建政开始，清朝与明朝进行了长达近半个世纪的战争，战场由白山黑水的萨尔浒，一直蔓延到中缅边境。这一时期是清朝的开国阶段，对于明亡清兴，有一个无法回避的问题需要回答：为什么一个小小的、落后的部落，崛起于长白山区后，竟然能灭掉统治上亿人口、占据东亚最好地区、已经持续近三百年的明朝？这一问题尖锐到难堪，但又不能不回答，这就是这套书要着力的第一个大问题。

一些流行观点无法接受清灭明的事实，认为明朝灭于李自成，清朝只是运气好，占了一个大便宜。这一说法最早来源于率领清军入关的摄政王多尔衮。在当时，这一说法为投降清朝的某些明朝臣子清除了心理障碍，也让那些无法接受这一残酷事实的人有了心理逃避的借口——"我大明是亡于流寇，而不是异族"，却完全无视之后明朝士民继续抵抗清军近二十年的事实。

成功与失败都有原因，必须正视，必须剖析。

这套书花了较大的篇幅分析明亡清兴的原因。在长达近半个世纪的战争中，明朝竟然没有一次可以翻盘逆转的机会，这绝非偶然，而是有其系统性、根本性的原因。幻想靠一两个强人，采用某些独有秘技就可以扭转趋势，那只是武侠小说的情节，不可能发生于历史和现实。当然，某些历史人物会加速、延缓进程。对这些人物，例如崇祯皇帝朱由检、清太宗皇太极、摄政王多尔衮等，这套书也做了重点剖析。

仅有几十万人的小部落在战场上不断获胜，消灭了一个个对手，当然不能归因于运气，而在战争结束后如何统治上亿的汉人，这是一个非常头痛的问题，其难度不亚于明清嬗代的战争。鉴于几百年前女真人第一次入关几乎被灭族的惨痛教训，皇太极对入主中原显得三心二意。入关后的清朝统治者恩威并施，一面靠分派土地拉拢底层民众，一面严厉打击有较强民族意识与故国情思的中上层与知识阶层，随后又彻底消灭了夺取天下时的同盟者辽东汉人军阀集团——"三藩"。其统治能力远超曾经入主中原的蒙古人。

蒙古人是清朝夺取天下的同盟军，但又是清朝统治者严防的对象。清军摧毁了成吉思汗后裔们建立的蒙古政权，用盟旗制控制漠南蒙古，又用藏传佛教、上层联姻怀柔拉拢蒙古。崛起的漠西蒙古准噶尔部成为清朝入关后最危险的敌人，准噶尔击败了漠北蒙古，攻占了西北不少地方，由此揭开了长达七十年的战争。与同时期的奥斯曼帝国相比，清朝并不是一个扩张型的帝国，入关后仅仅巩固了明朝统治后期的领土，对嘉峪关以西的广大区域统治非常薄弱。但平定准噶尔叛乱战争的长期性、残酷性让清朝统治者认识到，必须有效控制漠北蒙古、青藏高原、西域新疆才能彻底根绝危险，于是从康熙至乾隆，清朝开始了向西的行动，奠定了一个包括东亚主要农业区、东北渔猎区、蒙古高原游牧区、青藏高原与西域新疆在内，版图空前广大，控制力空前强大的大帝国。这是这套书要着力的第二个大问题。

历史的主角毕竟是人，而不是物，不是环境。不能以为只掌握身高、体重、血型等生理参数，甚至其骨架的每个部件，拥有了一张X光照片，就算了解了一个活生生的人。了解历史亦然。清朝的开国、巩固、统治等所有的举动都是人来实施的。

因此这套书描绘、评点了全部的清朝皇帝，以及挑选了几十位有代表性的历史人物，着重揭示了他们鲜为人知的特殊面，凸显他们在整个历史洪流中的作用，力求给读者一幅全景式、有血有肉的画面。书中的这些人物都非"高大全"，也非白脸小丑——那样的人物只存在于评书、戏曲和武侠小说中，而书中的人物则"活"在当下，就在你我的身边，甚至就是你我自己。人性是相通的，你能发现现实生活中的崇祯皇帝有着大多数普通人的共性，而乾隆皇帝也绝非影视剧中的"皇阿玛"，皇太极、多尔衮兄弟又确实是非常突出的创业者。

清朝是唯一留存有数以千万计、系统完整的官方档案的朝代，而且还有欧洲传教士，各国使团，朝鲜、日本等国的记录，更不用提海量的私家著述。研究其他朝代唯恐史料太少，而研究清朝却恐史料太多，太多甚至比太少更难驾驭，取舍直接决定结果。罗列一切史料也并不能描绘复原真实的历史画面，甚至穿越回去也未必能了解历史真实，毕竟语境、情境早就时过境迁。因此，没有任何一本书包括所谓的"原始"史料能完全客观、中立、全面地还原历史，它们都包含着记录者本人有意或无意的偏见与局限。这套书当然也不例外。那么，用什么检验历史书或历史叙述的优劣呢？历史不能用历史本身检验，历史需要现实与未来检验，即如果读到的既是历史，也是现实的映照，还有对未来的预言，也许这本历史书就比较准确地揭示了不变的人性与相似情境下重演的相似事件，甚至某种预言。历史是大样本的人性实验室，虽然不同时代的道具不同，但演员没变。

如果多种信息的来源是同样的，那么罗列再多这样的史料、信息也没有意义。这套书尽量采用两个以上的独立信息来源来还原史实，比如同时记录于《清实录》及欧洲传教士、朝鲜使者笔下的多面康熙皇帝，同时记录于明、清、朝鲜三方及明军老兵笔下的松锦大战……信息时代每天制造、推送天量的信息，而信息越多，了解真相越难，因为几乎所有的信息源头都可能被"污染"——决定中国几百年命运的山海关大战的具体地点，中文网络流行多年的观点就是错误的；影视剧、文学作品甚至专业论著滥用的"奏折"，在清朝康熙以前根本不存在，它是清朝皇权独断的制度化产物。如何打破信息泛滥时代的信息污染牢笼，书中提供了很多范例。

这套书并不摒弃人物以外的要素，比如用翔实的数据批驳了时下流行的"美洲作物导致清朝人口爆炸"及"番薯盛世"的观点。如果连基本的背景原因都弄错，何谈正确评价历史？更何况清朝根本不存在所谓的"人口爆炸"。

恰恰在清朝到达全盛的同时，万里之遥的西北欧已经开始了工业革命，最终在几十年后与清朝正面碰撞，这是平行世界的降维打击，清朝进入了丧权辱国的时代。集两千年统治术之大成的大清帝国的应对狼狈笨拙，但这仅仅是事后开上帝视角，"不战不和不守，不死不降不走"正是当时生动的写照与无奈应对，应对强大外敌的手段从宋朝延续到清朝并无新意。虽然有满汉矛盾的因素，但清朝应对手法还是继承了中国的制夷老传统，甚至还有回光返照式的"同光中兴"。认为换一个汉人朝代如明朝就能更好地应对危局则完全是一厢情愿的痴梦，拥有发达农耕文明的明朝竟然还亡于一个小小的部落，又如何能应对工业化的降维打击？

  清朝继承积累了几千年的中国传统，最高统治集团又是少数民族，无论优或劣，爱或恨，粉或黑，吹或贬，它就写在历史上，永远无法磨灭，其影响也永远无法摆脱。这套书力图客观中立地描绘出一幅清朝的历史长卷，读者在了解清朝历史之外，更重要的是拥有深思之余的会心。

侯杨方

目录

上篇　开国

第一章　被忽视的力量 \ 003

"七大恨"起兵：明朝为何纵容努尔哈赤？\ 004

决定明清命运的萨尔浒大战 \ 012

广宁之战：守山海关还是守辽西？\ 019

宁远之战：葡萄牙大炮的胜利 \ 026

争议中的袁崇焕：阉党、东林党与毛文龙被杀公案 \ 032

己巳之变：崇祯皇帝与袁崇焕的一年之痒 \ 039

大凌河之战：关宁锦防线流尽了明朝的血 \ 048

第二章　后金的野心 \ 057

征服蒙古，改国号为"大清" \ 058

征服朝鲜，明朝东亚朝贡体系崩溃 \ 063

农民军四起与清军多次入塞 \ 067

赌国运：松锦决战 \ 074

为什么欧洲武器挽救不了明朝？\ 079

议和困局 \ 088

第三章　入主中原 \ 095

继承权危机:"两白旗"与"两黄旗"的权力争夺\ 096

明朝是因为没钱才灭亡的吗？\ 103

南迁还是困守：皇帝与大臣的博弈\ 112

甲申国变：北京陷落，皇帝自杀，明朝未亡\ 121

大战山海关：冲冠一怒为红颜？\ 129

建都北京还是返回盛京？\ 137

第四章　天下归一 \ 145

明、清、农民军"三国志"\ 146

桃花扇底送南朝：弘光政权的灭亡\ 152

悲壮而绝望的抵抗\ 160

"流寇"还是"建虏"：明朝究竟亡于谁手？\ 163

下篇　拓土

第五章　"南不封王，北不断姻" \ 175

统一台湾：耕凿从今九壤同 \ 176

两个巨人的交锋：黑龙江上的争斗 \ 182

平等或不平等：《尼布楚条约》意味着什么？ \ 191

统治西藏、蒙古 \ 197

满蒙联盟：南不封王，北不断姻 \ 204

准噶尔部的兴起 \ 210

乌兰布通之战：征讨准噶尔，控制喀尔喀蒙古 \ 215

大漠围猎噶尔丹：亲统六师，三临绝塞 \ 225

第六章　"十全武功" \ 233

平定青海与对准战争 \ 234

"十全武功"之始：惨烈的第一次金川之役 \ 243

西师之役 \ 248

新疆平叛 \ 254

乾隆为何如此固执：更为惨烈的二打金川 \ 260

"十全武功"的虚与实：巩固西藏 \ 265

开国

上篇

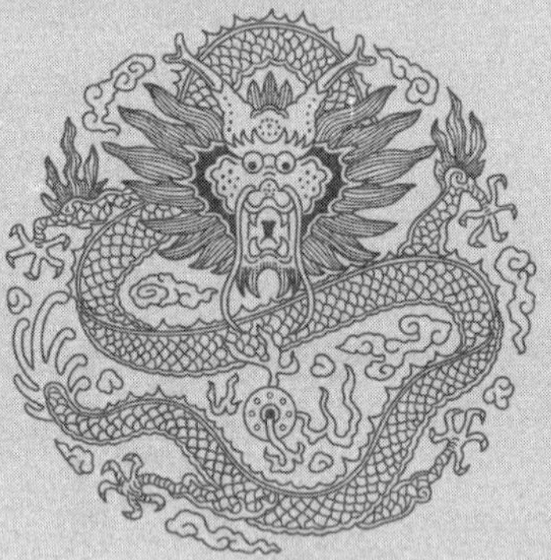

第一章 被忽视的力量

"七大恨"起兵：明朝为何纵容努尔哈赤？

万历皇帝统治明朝长达四十八年，号称盛世。明末东林党领袖钱谦益说过，"国家休明昌大之运，自世庙以迄神庙，比及百年，可谓极盛矣"[1]。世庙指明世宗嘉靖皇帝，神庙即明神宗万历皇帝，两人在位时间加起来近百年，是明朝的极盛期。但就在盛世之下，辽东边墙（明朝人称长城为边墙）之外，长白山莽莽林海之中，一个小小的渔猎部落正在茁壮成长，并在短短的几十年后颠覆了明朝的江山，而这一切都源于一桩误杀惨案。

在沈阳[2]与抚顺以东有一座山叫萨尔浒，属长白山山脉，当地居住着女真族。明朝时，女真族分为三部：建州女真、海西女真和野人女真。萨尔浒一带居住的是建州女真。明末东北的形势非常复杂，三族混居，辽东边墙东西横亘。边墙以内居住着汉族，有州县与卫所；边墙之外，居住着女真与蒙古诸部，大体上，蒙古族在西边，女真族在东边和北边。大家常说女真

---

1 [明] 钱谦益：《初学集》卷六十五，《神道碑铭四》。
2 公元1634年，皇太极尊沈阳为"天眷盛京"，故又称"盛京"。

第一章 被忽视的力量

族是游牧民族，其实是不对的，女真族是渔猎民族，以捕鱼和狩猎为主，但也有农业。当时的东北原始森林密布，林中有熊、东北虎、野猪等猛兽，也有鹿这类食草动物。女真族的男性是职业猎手，从小就得学会骑马、射箭和打猎。明朝在边墙内外设置了数个马市，起初汉族人用米、绢和布交换女真族的马匹，后来马市演化为综合性贸易市场，汉族人以布匹、日用品等交换女真族的貂皮、人参等物品。女真部落臣服于明朝之后，接受明朝册封，分为建州左卫、建州右卫和建州卫。每个卫设都指挥，女真部落的首领被任命为都指挥使，由明朝发给印信；卫下有所等行政机构，管理军政事务。

明朝中前期军事上的主要对手是蒙古人，他们分布在从现在的东北到新疆的广大区域，并以蒙古高原为主要聚居地。为防御蒙古诸部，明朝修建了西起嘉峪关、东至鸭绿江的长城，沿线设置九个总兵，称"九边"或"九镇"，最西为甘肃镇，最东为辽东镇。明朝将主要兵力部署在长城沿线，边防军是明军的主力和精锐。嘉靖、万历年以后，蒙古的势力开始衰落，于是与明朝进行和谈、互市，对明朝的威胁越来越小，而女真族逐渐成为明朝的主要边患。万历二年（公元1574年），建州右卫都指挥使王杲统一建州三卫，引起了明朝的警觉。明朝对女真族一贯实施分而治之的政策，不允许霸主出现，因为一旦渔猎部落或游牧部落出现霸主，就会对中原王朝构成极大的威胁。历史上，完颜阿骨打统一女真诸部后灭亡了北宋，成吉思汗统一蒙古诸部后灭亡了南宋。而且，王杲竟然主动进攻辽阳、沈阳这两个辽东重镇，被辽东总兵李成梁击败，后被押送至北京处死，其子阿台逃至古勒寨（今辽宁省抚顺市新宾满族自治县上夹河镇古楼村一带）。九年后，李成梁出兵包围古勒寨，阿台及其部下被明军消灭，王杲一系基本被斩尽杀绝。王杲被消灭后，按理说女真族应该平定下来了，但正所谓"按下葫芦起了瓢"，消灭了一个霸主，另一个霸主又冒出来了。

在古勒寨之战中出现了一个意外情况，当时的建州左卫都指挥使觉昌安及其子塔克世因试图劝降阿台而入寨，不料却被明军误杀。塔克世有一子，正是时年二十五岁的努尔哈赤。虽然祖父、父亲是被误杀的，但这件事在他心中埋下了一颗反明复仇的种子。努尔哈赤通晓蒙古语，也懂点儿汉语，喜欢读《三国演义》《水浒传》等汉族人的文学作品。据说，努尔哈赤曾被李成梁收养，成为其麾下侍从，但清朝官方史料对此予以否认，或者根本就不记载（不过当时的私人笔记中有这种说法）。李成梁对努尔哈赤祖父、父亲被误杀一事觉得有些内疚，就授予他敕书[1]三十道、马三十匹，并封其为建州都督，以示慰问。努尔哈赤又世袭了祖父的建州左卫都指挥使一职，曾从建州到北京朝贡八次，途经抚顺、沈阳、辽阳、广宁、锦州、宁远、山海关等地。往返八次，等于经过上述地方十六次，这就

---

[1] 敕书，同明朝互市的一种凭证，相当于经商的特权书。

第一章　被忽视的力量

让他对辽西走廊、辽东布防、长城沿线、山海关以及北京都非常熟悉。与此同时，他也对从辽东总兵李成梁到中央政府官员的处事风格以及明朝军队的基本情况（战备、盔甲、弓箭、火器等），有了更充分的了解。努尔哈赤认为，是女真族的另一个首领尼堪外兰挑唆明军杀死了自己的祖父与父亲，一心复仇的他于万历十一年（公元1583年）以祖父与父亲的遗甲十三副，部众数十人起兵，进攻尼堪外兰的驻地图伦城，号称"十三甲起兵"。由此揭开了他长达三十多年统一女真诸部的军事行动的序幕。开始时，战斗规模极小，通常为几十人的械斗，围攻对方的城寨，然后逐步扩大升级，参战人数越来越多，达到数百人、上千人，努尔哈赤的势力也越来越大。

与此同时，辽东由名将李成梁镇守。（李成梁活到九十岁，是一个罕见的高寿之人。）在蓟镇，也就是北京的东边，捍卫整个京畿的是大家熟知的抗倭英雄戚继光。他因战功累累被提拔至蓟镇总兵，主要对付蒙古人。当时明朝刚刚经过张居正改革，财政比较雄厚，国力还算强盛，但他们显然没有意识到，努尔哈赤实际是比王杲更危险的敌人。因为"后见之明"，我们知道努尔哈赤会成为明朝的心腹大患，但李成梁、戚继光，包括万历皇帝本人都还没有意识到这一点，一直放任努尔哈赤在长达三十多年的时间里不断兼并女真诸部。很多人对此非常不解。有一种猜测是，辽东总兵李成梁自以为可以操控局面，有意纵容，养寇自重。但更大的可能是明朝低估了努尔哈赤的潜力，因为毕竟在努尔哈赤之前，已经有多个类似的人物被明朝消灭了，王杲只是最近的一个。在李成梁看来，纵使努尔哈赤造反，无非是王杲第二而已；他之所以不干涉，是想让努尔哈赤在统一女真诸部的过程中成为明朝掌控女真诸部的一个"白手套"。李成梁自以为只要能控制努尔哈赤就控制了女真诸部——明朝不想直接介入女真诸部的管理，事务太复杂，要找一个代理人，但是这样很容易玩火自焚。万历十六年（公元1588年），努尔哈赤统一建州女真诸部。

万历二十年（公元1592年），日本入侵明朝的藩属国朝鲜，想以此为跳板侵略中国。万历皇帝下令调集全国精锐部队两次出兵援朝，伤亡惨重，耗费白银约七百八十万两。当然，因为主导战争的日本太阁丰臣秀吉死后日军撤退，明朝算是获得了朝鲜之役的胜利。与此同时，平定哱拜叛乱的宁夏之役耗银约一百八十万两。万历二十四至二十八年（公元1596—1600年）平定杨应龙叛乱的播州之役耗银约二百万两。从万历二十年到万历二十八年的八年间，所谓的"万历三大征"导致军费开支高达一千一百六十万两白银。战争虽然取得了胜利，但是明朝的财政损耗非常大，人员损失极其惨重，这也是努尔哈赤的势力得以进一步壮大的重要因素。作为万历援朝的主力，本来用于威慑女真诸部的辽东明军在朝鲜损失惨重，导致明朝辽东驻军对女真诸部的兼并活动更加"置身事外"，不愿意再投入到一场同女真诸部的战争中去。援朝战争开始的第二年，努尔哈赤趁机击败海西女

第一章 被忽视的力量

真叶赫部为首的九部联军三万人。战争人数从几十人、上百人一下子跃升至数万人,已经达到了一个非常庞大的规模。又过了两年,出使费阿拉城[1]的朝鲜使者报告,努尔哈赤已经自称为"王子"了。面对接踵而来的边疆危机和损失惨重的军力、财力,明朝边将认为,只要努尔哈赤不明确反叛,只要不在自己任内出事就好。很显然,没人愿意来收拾这个烂摊子。

不能说明朝所有将领都对努尔哈赤的情况一无所知。万历二十六年(公元1598年),朝鲜国王和辽东副总兵李如梅(李成梁第五子)之间有过比较明朝所辖女真兵和日本兵战斗力的谈话。和明朝所辖蒙古族、女真族以及日本人都交过手的李如梅说日本兵个子矮小、身体灵活,擅长使用鸟铳,但是一个女真兵可以打三十个日本兵,原话是"倭子三十,不能当鞑子一人"。他又说努尔哈赤有兵七千、带甲者三千,"足当倭奴十万"。或许他的说法有所夸大,但在这位明军一线实战指挥官眼中,日本兵远远不及女真兵勇猛,而明军在朝鲜和日军作战都死伤惨重。如此重要的情况,却没有引起明朝统治者的足够重视,依旧采取拖延政策,但总有拖不下去的时候。果不其然,李如梅这次谈话二十年后,努尔哈赤起兵反明。

万历三十一年(公元1603年),努尔哈赤建赫图阿拉城

---

[1] 费阿拉城为努尔哈赤部驻地,位于今辽宁省抚顺市新宾满族自治县永陵镇二道村。

（遗址位于今辽宁省抚顺市新宾满族自治县），作为自己的政权中心。他在此前两年已经创建了牛录制，即每三百人为一牛录，作为女真兵的基层军事单位，并且把这些牛录编为黄、白、红、蓝四旗。到了万历四十三年（公元1615年），他以五个牛录为一甲喇，五个甲喇为一固山，一个固山就是一旗。如果按照正常编制的话，大约七千五百人为一旗。随着部众人数越来越多，他又增加了镶黄、镶白、镶红、镶蓝四旗，与原来的正黄、正白、正红、正蓝四旗合称为"八旗"，这就是著名的八旗制度（这一制度一直延续到清朝末年）。努尔哈赤的儿子、侄子们分别担任各旗的旗主贝勒。按照八旗的编制推算，努尔哈赤已经拥有六万左右的壮丁，这是非常可观的兵力了。

起兵三十余年且已经统一女真大部分部落的努尔哈赤于万历四十四年（公元1616年）在赫图阿拉城称汗，国号"大金"，年号"天命"，即上天的意志令其成为大汗。完颜阿骨打建立的政权叫"大金"，努尔哈赤认为自己是金人的后代，所以也定国号为"大金"。历史上为了区别二者，通常把努尔哈赤政权叫作"后金"。而就在努尔哈赤称汗的前一年，明朝蓟辽总督还向朝廷奏称，努尔哈赤忠于明朝、唯命是从。更荒唐的是，努尔哈赤称汗两年以后，明朝皇帝竟然还不知道努尔哈赤已经称汗建国了。

努尔哈赤称汗后的第三年，即后金天命三年、明万历四十六年（公元1618年），后金发生大水灾，导致了严重的

第一章　被忽视的力量

饥荒。为了解决危机，努尔哈赤公开向明朝问罪，发布"七大恨"，诉说明朝历史上对建州女真的欺压，主要是诱杀了他的祖父与父亲。随即努尔哈赤向明朝的边防重镇抚顺进攻，守将李永芳投降，又在班师的时候消灭了明朝援军一万人，缴获了九千匹马、七千副甲胄，可见明朝的援军是一支装备精良的骑兵。李永芳是第一个投降后金的明朝将领，努尔哈赤竟然把自己的孙女嫁给他，封其为额驸。此战后金的另一收获是俘虏了沈阳生员范文程，此人归顺后成为著名的谋士。后金军随后攻克了清河，全歼明朝一万守军。两战惨败后，明朝廷非常震惊，一向认为自己的首要敌人是蒙古人，没想到又冒出了一个更危险的努尔哈赤，而且居然还消灭了两万明朝边军。此时，辽东明军总数不过六万，机动兵力仅两万，面对拥兵六万的后金军，数量完全不占优势。而且这两场战役表明，明朝单兵战斗力和指挥组织力更是不如后金军，形势已极其危急了。

万历盛世后的明朝已江河日下，而崛起的女真兵却极其强悍，战斗力远超过日本战国后的百战精兵，明朝野上下对此竟然没有任何应对措施。传统的历史叙述往往会比较交战双方的政治、经济、军事等种种硬实力，却往往忽略了"信息"这种极为重要的软资源。明朝廷对国内外种种信息茫然无知，而努尔哈赤却对明朝边防的军备、体制以及官僚的行事风格了如指掌，可以说，双方所掌握信息的差距，远远大于双方军力的差距。国家统治过程中信息传递的低效与相互蒙蔽，这一常常被人忽视的死结，如同癌症一般阴魂不散。

决定明清命运的萨尔浒大战

在后金遭遇严重的水灾、饥荒时，努尔哈赤为了缓解危机，起兵攻略明朝的边镇，旗开得胜。作为堂堂大国，明朝廷当然不能坐视不管，于是组织了一场规模巨大的反击，想一举荡平努尔哈赤这个曾经臣服的"部落酋长"。当时身处这场战役中的人可能并不知道，这是一场决定明清命运以及未来中国几百年历史走向的战役。

万历皇帝任命杨镐为辽东经略。经略是明朝最高级别的军事统帅，只能由文臣担任。明朝重文轻武，总的统帅由文臣担任，武将只能担任其下的方面军的指挥。这次，就由杨镐指挥辽东战事，李成梁的次子李如柏为辽东总兵，已经被勒令回乡的旧将杜松以及退休的刘綎等众将官星驰出关，以备调遣。这些人都曾参加过当年的朝鲜战争，经验丰富，战功赫赫。

经过十个月的准备，明朝从全国抽调精锐八万八千人。为什么要准备十个月？因为这批明军都是步行从四川、浙江等地奔赴辽阳的。明朝通过不断地抽调，编制八万八千人的军队，加上海西女真叶赫部的军队一万人，朝鲜出动的一万三千

第一章　被忽视的力量

人,合计十一万多人,号称四十七万。一下集中了十一万多人在辽东,军饷完全不够,于是朝廷下令全国加派田赋白银五百二十万两,即著名的"辽饷"。此前九边的全部饷银也不过三百万两,可见"辽饷"的规模之大。

明朝集中了十一万多人的军队,想要一举消灭后金。攻打的目标就是位于沈阳以东的赫图阿拉。辽东经略杨镐作为最高统帅,定下了一个四路合击赫图阿拉的计划:西路是主力军,人数三万,山海关总兵杜松为主将,从抚顺出发;南路两万多人,辽东总兵李如柏为主将,从清河出发;北路三万多人,原开原总兵马林为主将,从开原出发,外加叶赫部一万人;东路一万多人,辽阳总兵刘𬘓为主将,从宽甸出发,外加朝鲜军队一万三千人,但这一路比较弱。分进合击有一个至关重要的因素,就是多路大军要在规定的时间到达指定的地点。但是,古代是没有即时通信的,要在规定的时间到指定的地点集合是非常困难的,所以古代军法有"失机"一说——失去了战机,错过了约定时间。这个罪名非常重,常常是死罪,我们熟知的李广就是因为"失机"而自杀。

大军云集,财政压力也特别大。杨镐无奈之下,决定提前于万历四十七年(公元1619年)二月二十五日出兵[1]。当时恰逢大雪,天寒地冻,行军路线又在深山老林,行进十分困难。这

---

[1] 此处日期为农历,后文除特别注明外,皆为农历日期。——编者注

对明军非常不利。因为女真人就生活在长白山密林里，习惯本地的气候，熟悉当地的地形，而明军是从四面八方调集过来的，甚至还有四川、浙江的部队，哪能受得了这种严寒。杜松立功心切，要求部队一日内冒着大雪急行五十多公里，进攻赫图阿拉以西的界凡城。急行军一天五十多公里对体力的消耗是极大的，尤其在下雪的时候。努尔哈赤准确判断了西路军是明军主力，定下了"凭尔几路来，我只一路去"的战略，集中主力攻击并消灭杜松部。首先是因为杜松部是主力；其次，西路军的行军速度最快，会最早到达。努尔哈赤为什么这么笃定？因为从外围进入萨尔浒都是山路，而监控有限的山路是非常方便的，只要布置好游哨、侦察兵，明军的一举一动便一清二楚。

三月初一，杜松的军队到达了萨尔浒山。两万人于萨尔浒山麓扎营，杜松亲率一万轻装部队渡过浑河，攻打吉林崖上的女真山寨。此时，努尔哈赤率三万多骑兵从赫图阿拉赶来，全歼萨尔浒明军大营两万人，然后又渡河消灭剩下的一万明军，杜松被射死。就这样，第一路军三万多人的主力，在一天之内被全部消灭。北路的马林很快就在第二天即三月初二得到了杜松兵败的消息，于是他把军队分别驻扎在三处，转攻为守。但被后金军主力三万多骑兵赶来全部歼灭，马林幸而逃脱。海西女真叶赫部根本就没来参战，第二路军也被消灭。三月初三，东路的刘綎还不知道西路、北路已被后金军各个击破，已经攻到距赫图阿拉只有七十里的地方。三月初四，努尔哈赤命令他的三个儿子大贝勒代善、三贝勒莽古尔泰、四贝勒皇太极率领四万骑兵阻击刘𬘩。刘𬘩脸上中了一刀（一说是中箭），奋战身亡，东路军被全歼。再看一万三千多人的朝鲜军队，虽然配备了很多火枪，也稍做了抵抗，但主帅姜弘立目击了一个骇人的场面："见浙兵数千屯据山上，盖昨日溃卒也。胡数百骑驰突而上，浙兵崩溃，须臾间厮杀无余，目睹之惨，不可胜言。"[1]军中的李民寏也目睹了类似的场景：披挂精良甲胄的八旗军"以铁骑奔驰，冲突蹂躏，无不溃败"[2]。几千浙江精锐竟然在短时间内被八旗骑兵全歼，主帅姜弘立为之胆寒，下令朝鲜军投降。

杨镐在三月初二已经知道了杜松军队兵败的消息，他急令其他部队赶紧撤军，但是命令只传达到南路，李如柏接到命令后立即撤军（南路军因为走得慢，所以才有机会撤军）。因为害怕被皇帝追究"失机"，李如柏在战后自杀，下场也很悲惨。明朝四路大军相互之间没有任何配合，也没在同一个时间赶到指定的地点，就这样被后金军利用高度机动的策略各个击破。萨尔浒一战，明军损失惨重，阵亡的军官高达三百一十多人，士兵则达四万五千八百多人，死亡的马和骡有四万八千六百多匹，损失战车一千余辆、火器一万三千一百多具。[3]由于战后后金军控制了整个战场，明军自然无法统计后金军的损失，清朝的官方史料也

---

1 [朝]李民寏：《栅中日录》。
2 [朝]李民寏：《建州闻见录》。
3 [明]王在晋：《三朝辽事实录》卷一。

没有记录。但萨尔浒之战后，努尔哈赤对明朝发动了一系列的进攻，还进攻了叶赫部等女真诸部，由此证明经历了萨尔浒之战的后金军没有伤到筋骨，损失很小。萨尔浒之战是后金军的空前胜利和明军的空前惨败。此后战略态势逆转，后金军不断主动进攻，明军则被动防御挨打，明朝军队再也没有发动万人以上的大规模主动进攻，也不再有进攻后金腹地的想法。

后金军取得萨尔浒之战胜利的关键是高度机动。他们的骑兵部队在四天的时间里打了三个战役，先消灭西路的杜松，再消灭北路的马林，然后掉头向东消灭刘綎。他们在战役中的机动距离超过两百公里，并且还是人和马披着盔甲，士兵带着武器的重装部队，可见后金军的机动性非常强，耐力、体力和战斗力十分惊人，而四路明军之间没有任何战术配合、呼应，完全陷入孤立无援的境地，被后金军队以多打少。

明军虽然有十一万人之多，但是在各路战场上都是后金军在数量上占据绝对优势，再加上单兵作战能力、指挥能力和武器配备上的差距，萨尔浒战役完全是一边倒的歼灭战。明军不仅没有达成分进合击的目标，反而被各个击破。分进是为了合击，而如果没有合击，分进只会被各个击破。杜松抢功心切，单兵冒进，马林、李如柏畏战缓行，导致了各路军队到达集结地点的时间差。刘綎虽然进攻积极，但是道路行进得特别艰难，导致东路军也没能在指定时间到达战场，这些都是明朝军队在萨尔浒战役中失败的重要原因。

第一章 被忽视的力量

有人可能要问，为何十一万大军不能集结一处共同行进呢？如果十一万明军抱团，只有六万人的后金军不就没有绝对优势了吗？原因很简单：山路狭窄崎岖，有些地段只能单人骑行，如果十数万的部队集合在一起，行军纵队将长达几十公里，前面的部队已经到达赫图阿拉了，后面的部队还在旅顺城里等待出发。这仗该怎么打？几十公里长的战线，没有即时通信，同样也会被各个击破。尤其是单列纵队，如果后金军埋伏一下，切断前军，后军根本不知道前军发生什么事，还在傻乎乎地行军，如此一段一段被切断，会死得更惨。军事家克劳塞维茨在《战争论》中说，一支十万人的军队如果编成一个纵队，也就是说沿着一条道路不间断地行军，纵队的首尾绝对不可能在同一天到达目的地。此处指的是平原地区，有比较宽阔的大路，如果是走山路，情况会更糟。

我们不能指责杨镐缺乏基本的作战常识，分进合击被各个击破的前提是后金军能精准地掌握明军动向。然而此战双方在信息获取上极不对称，后金军完全掌握了明军的行军路线、行动节奏；反观明军，连对手的主力在哪儿都不知道。

三月初一，西路的杜松到达萨尔浒攻击界凡城，觉得后金军也就几百人，最多一两千人，至于努尔哈赤率领的几万骑兵在哪儿、何时会抵达战场，他完全不知道。实际上，当天下午努尔哈赤便率军到达战场，杜松全军覆没。该战役的胜败与地形也是密切相关的，后金军主场作战，对地形极为熟悉，几条有限的山路尽在他们掌握之中,只要部署前哨,对明军的行动便了如指掌。参战的明军是全国的精锐,主将杜松、刘𫄧都参加过援朝战争,和日军交过手,但面对后金军队竟然输得如此之惨,完全出乎明朝廷的预料,也由此证明后金是一个极其可怕的敌人,危险程度远远超过明朝过去的主要对手蒙古。

杜松非常轻敌,他觉得三万人就能荡平萨尔浒。明朝在嘉靖、万历时期和蒙古的那些部落交战经常占上风,杜松和蒙古打过大小仗一百多场,每战必胜,他还消灭过配备了西洋火枪的日本军队。明军过去经常干涉女真族内部事务,出兵消灭王杲等部都很轻松。所以杜松认为努尔哈赤不过是王杲第二,却没有料到这是一个极其危险的、拥有六万大军的劲敌。

萨尔浒之战后,后金军势如破竹,开展了连续性的进攻,向西占领了开原、铁岭(铁岭是李成梁的老家),然后直攻沈阳以及明朝辽东首府辽阳。辽阳一战后,整个辽东全部失陷,明朝军队越过辽河,向辽西溃逃,从此辽东再也没有回到明朝的手中。到辽阳被攻陷为止,明朝阵亡总兵十四名,还有一名被罢免的总兵进行自杀性冲锋被杀,实际有十五名总兵被杀,非常令人震惊——明朝武将最高的官阶就是总兵,相当于现在的军区司令。经略袁应泰在辽阳自杀,另一位经略、萨尔浒之战的统帅杨镐被下狱关了十年,于崇祯二年(公元1629年)被斩。

明清亡兴的关键就是萨尔浒之战,这是清朝的立国之战。此后,后金军开始积极主动地进攻明朝辽西地区。萨尔浒之战

第一章　被忽视的力量

对于明朝来说是彻头彻尾的惨败，四路明军中有三路如"盲人骑瞎马，夜半临深池"，完全想不到等待他们的命运是什么。只有李如柏一路全身而退。李氏父子镇守辽东几十年，对努尔哈赤的了解非常深，他的弟弟李如梅早在二十年前就认为七千女真军可以击败十万日军。明朝一开始以为努尔哈赤是成化年间被消灭的女真部董山第二、万历年间被消灭的女真部王杲第二，没想到努尔哈赤就是努尔哈赤，不仅没有成为董山、王杲，而且他的子孙后代还消灭了明朝。萨尔浒之战像推倒了第一张多米诺骨牌一样，明朝兵败如山倒，直到清军打进了北京城。

从总体来看，明朝的体量与实力，尤其是经济与人口都远远超过人口仅有三十多万的后金。战前明朝从朝廷到前方将领也大都认为可以重演以前犁庭扫穴的情景，彻底消灭后金。但从战役本身来看，明军在数量上仅有两倍多的优势，而在三个具体战场上，明军的数量却处于劣势，而且后金军从情报搜集、单兵素质、组织指挥、战略战术，甚至武器装备上都优于明军，因此萨尔浒之战的结果是意料之外、情理之中的。

广宁之战：守山海关还是守辽西？

萨尔浒之战是土木堡之变后明军经历的最大的惨败，震惊朝野。万历皇帝抑郁而终，临终前还拉着大学士的手放心不下战事。那么明朝究竟要如何应付后金这个极其可怕的敌人呢？朝臣们意见不一，吵成一团：有的要一鼓作气，收复辽东，荡平后金；有的要放弃整个辽西走廊，只守山海关；有的又要求守住锦州—宁远—山海关一线。明朝就这样在争论不休中迎来了更大的危机。

如前所述，后金军在努尔哈赤的指挥下占领了整个辽东，自此之后一直到明朝灭亡，明朝再也没有统治过辽东。明金当时的分界线是辽河，辽河边有一个重镇叫广宁（今辽宁省锦州市北镇市）。要不要守广宁，要不要守辽西，就变成当时明廷争论的一个重大问题。此时万历皇帝已经去世，他的儿子朱常洛继位不到一个月就死了，然后由朱常洛的儿子朱由校继位。朱由校（即天启皇帝）是一个才十几岁的小皇帝，继位以后面临一个难题——由谁出任辽东经略这个高危的职位。他想起了万历年间担任过辽东经略的熊廷弼，并对这个湖北人抱以厚望。

熊廷弼提出了两个要求，一是增兵到三十万，二是饷银要达到八百万两以上。这对明朝廷的压力特别大，但是天启皇帝全部答应了，给出兵额三十万，饷银超过一千万两。更出乎熊廷弼预料的是，天启皇帝答应他想要什么就给什么，条件是一定要守住辽西。熊廷弼也提出了一个战略措施，叫"三方布置"：一是策动朝鲜从东边进攻后金，与从西边进攻的明军形成夹击之势；二是守广宁，进而扼守辽河，不让后金军过河；三是从

第一章 被忽视的力量

天津、登州、莱州等海岸城市，派水军进攻后金。从战略上讲，这是一个非常好的部署，以防守为主，先守住了再说。天启皇帝又任命王化贞为广宁巡抚，但是经略与巡抚的权责没有明晰，为日后二人的冲突留下了隐患。王化贞的老师是当时的内阁首辅叶向高，本就是"朝中有人"，而熊廷弼此人自恃才高，情商很低，对同僚特别不友好，又得罪了兵部尚书张鹤鸣。王化贞驻广宁，率领军队十三万（其中十二万多驻守在广宁前线），熊廷弼驻守在距离广宁五六百里的山海关；虽然熊廷弼名义上是战区最高统帅，但手下仅五千人，根本无法指挥有内阁大学士和兵部尚书撑腰的王化贞。

最关键的是，王化贞与熊廷弼的战略方针不一样。王化贞认为熊廷弼的防守战略就是被动挨打，辽东防守的失败就是前车之鉴，因此他主张进攻，要越过辽河去收复辽东。这种战略方针是对还是错呢？如果打得过后金军，肯定是正确的；但如果过去只是送死，那就是错误的。其实各种战略部署很难分出对错，最终都要接受事实的验证。按照当时明军的实力，从萨尔浒一路败退下来，真的能进攻吗？有这个力量吗？我认为熊廷弼的防守战略相对来说比较靠谱。围绕守与攻，辽东经略与广宁巡抚吵个不停，相互弹劾，小皇帝也无法判断到底谁对谁错，于是在天启二年（公元1622年）正月召集大臣们一起讨论，到底是启用熊廷弼的策略，还是采纳王化贞的意见？到底是集中事权于熊廷弼，还是全权交予王化贞？最终的结果是把熊廷弼调离，将事权集中于王化贞。如果早几天商议，熊廷弼或许还能避免悲剧，但是这个会议刚刚开完，努尔哈赤就渡过辽河向广宁进军了。辽河前线明军溃败，数万人被消灭，孙得功率军投降后金，广宁城乱作一团，最后不战而降。王化贞趁乱逃出，狂奔一二百里抵达大凌河城（今辽宁省锦州市凌海市）。正好熊廷弼率领五千人从山海关过来，二人碰面。熊廷弼恨死了王化贞，于是嘲笑他说："你当时不是说要率六万大军渡过辽河，一举荡平后金吗，怎么现在狼狈成这种样子了？"王化贞说："那怎么办？经略你既然来了，要不要再去守广宁？"熊廷弼说："没法守了，已经全军崩溃了，我们把整个辽西的居民全部撤到山海关内，至于那些花了上千万两银子储备的粮食军需，运不走，只能全部销毁。"这就等于把山海关外的辽西走廊加上广宁全部放弃了。蓟辽总督王象乾向天启皇帝汇报了军民撤回关内的悲惨情景："日来援辽溃兵数万，填委关外，遍山弥谷，西望号呼者竟日达夕。逃难辽民数十万，隔于溃军之后，携妻抱子，露宿霜眠，朝乏炊烟，暮无野火，前虞溃兵之劫掠，后忧塞虏之抢夺，啼哭之声，震天动地……"[1]

最后两人因"失地"之罪被处死。虽然都是不战而逃，但是大家相对来说同情王化贞多一点儿。因为王化贞确实打不过后金军，是从城内死里逃生跑出来的，而熊廷弼居然"一枪未

---

[1]［明］王在晋：《三朝辽事实录》卷七。

第一章　被忽视的力量

放"就主动撤退逃跑了。很多人会问熊廷弼和王化贞是不是有点儿冤枉？其实两人的判决书写得还是很准确的，并不冤枉。首先是"欠一逃"，辽东经略杨镐兵败萨尔浒被处死，但至少他没有逃跑；然后是"欠一死"，袁应泰也是辽东经略，辽阳失陷后自杀身亡。他们既不学杨镐坚守城池，也不学袁应泰自杀殉国，如今杨、袁二人都死了，如果朝廷不杀他们，对得起这两个人吗？当然后来又有人说熊廷弼是东林党，被杀是阉党报复，这有乱划党派之嫌，因为当时不存在严格的党派和党争。王化贞的老师叶向高就是东林党第一号人物，审问熊廷弼并力主判处其死刑的左都御史邹元标也是东林党首领。这说明当时大家有一个共识，这两人确实该死。

广宁大溃败对于明朝来说是极大的耻辱，明军从头至尾没有组织起任何像样的抵抗，千辛万苦从全国征调的十几万大军、运送到辽西的一百多万石粮食全部损失，三千多万两军费付之东流。明朝再富裕，也经不起这样的"血流不止"，而这样的"失血"将一直持续到清军入关。

明军一溃千里，一直撤退到山海关。虽然从广宁到山海关，明朝已经全部弃守，但是努尔哈赤的举动也很奇怪，后金军打下广宁后烧杀抢掠，把物资送回辽东，却停止进攻了。由此可以判断当时努尔哈赤根本没有推翻明朝的心思，他对占领辽西没什么兴趣，并没有乘胜追击，这给了明朝一个难得的喘息机会。

熊廷弼被判处死刑，由谁来继任辽东经略呢？没人愿意。

怎么办？皇帝召集大臣们商议，大家推选了王在晋。之后又从全国征调军力输送至山海关一线，共有十一万七千余人、近六万匹战马。辽饷继续征收，几百万两砸在山海关。因为山海关一旦有失，通往北京的道路将无险可守。王在晋其实没什么军事才能，也没打过仗，但是喜欢夸夸其谈，最擅长的就是写，洋洋数千言上万言，最后还把自己的奏章汇编成《三朝辽事实录》。在书中他痛骂政敌、吹捧自己，有失公允，但这本书也是一个难得的资料，至少是一方的资料。现存关于明末清初的史料非常多，所有的史料都是书写者基于自己的立场和价值判断写的，同一件事有人说黑，就有人说白，明末的大臣们尤甚，只要是你支持的，我就坚决反对，留下大量互相攻讦的文字材料，后人想要提取有效信息十分困难，是非曲直很难完全分辨清楚。

出任辽东经略的王在晋提出，只守山海关，放弃辽西走廊，在山海关东边的八里铺再建一个关，筑两重城。皇帝不敢答应这个方案，所有人都不敢答应，这等于放弃了从山海关到辽河的整个辽西方圆七百里的土地，关键是还有上百万辽民住在这里。如果这些辽民不愿意迁入关内，就有可能变成后金可以征发的民力。更为重要的是，当时明朝守卫辽西走廊的支柱祖大寿、祖大乐、吴襄（吴三桂的父亲）都是世代居住在辽西走廊的武人，祖大寿、祖大乐家就在最前线的战略支撑点锦州，其居所极其富丽堂皇，他们更不会轻易入关。

第一章 被忽视的力量

天启皇帝的老师、大学士孙承宗对放弃辽西走廊的方案非常生气,在巡视山海关时同王在晋辩论了七天七夜。天启皇帝很信任他的老师,而且他也不敢放弃辽西走廊,于是将王在晋撤职,由孙承宗以大学士的身份亲自担任经略,称为"督师"。

孙督师的策略就是在山海关外整个辽西走廊建筑城堡群,最中间是宁远,最前线是锦州,山海关、宁远和锦州这三个支撑点的距离都在一百公里左右。在锦州东边偏北修筑大凌河、小凌河两个城堡作为最前线,又在三个支撑点之间修筑松山、塔山、杏山等城堡,这样就构成一个堡垒防线。为什么这么做?因为所有的战略都要建立在现实的基础之上,而孙承宗很清楚,明军同后金军野战绝无取胜可能。那王在晋的策略对不对呢?既然无法做到渡过辽河去消灭努尔哈赤,沿辽西走廊筑垒又要求惊人的财力物力,只守山海关就能压缩防线,节省大量军费。所以这两个策略到底谁是谁非,也很难讲,因为我们不可能让历史像做实验那样从头再来一次。让当时的明朝放弃整个辽西走廊,这基本上是不可能的。退一步来说,即使放弃关外,只守山海关,就真的能守得住吗?一旦后金军屯兵关下,打破了山海关,无险可守的北京城就会被包围,没人敢冒这个险,所以孙承宗修筑堡垒防线的意见得到了皇帝批准。

关于守辽西走廊还是守山海关的争论,由于历史无法重演,难有定论。当然,防守辽西最终也没有保住大明江山,但我们却不能因此说如果只守山海关,明朝就能被挽救,这种假设毫无意义，更何况后金军曾多次绕过山海关防线直接打到了北京城下，甚至一路打到江苏北部。面对严酷的战争，任何空谈都无济于事，但明朝却盛产王化贞式的"键盘侠"，他们完全沉浸在一厢情愿的梦境中自说自话。更令人匪夷所思的是，这样纸上谈兵、没有任何指挥能力的人居然被重用，统率帝国最精锐的大军，可见明朝的体制存在着根本的问题和缺陷。"键盘侠"当然不能扭转形势，只能让形势更加恶化。

有时候历史的大势难以逆转，但在不可阻挡的大势中，也有那么一些特立独行、逆流而上的人，演绎着个体的精彩，以及面对命运的倔强。兵备佥事袁崇焕就是这样一个倔强的人，当经略高第下令放弃山海关外的全部防线时，他坚持不走，一心要守住远在塞外一百公里的宁远城。茫茫大地上的这座孤城，面对着潮涌而来的后金铁骑，会有什么样的后果？

宁远之战：葡萄牙大炮的胜利

后金天命十一年、明天启六年（公元1626年）冬，后金军在努尔哈赤的率领下渡过辽河到达宁远城下。当时，辽东经略高第率领明军主力驻守山海关，但拒绝救援宁远，因为两地相距一百公里，实在太远了。当时镇守宁远的袁崇焕面对着怎样的形势呢？顶头上司下令放弃周边方圆一百多公里的疆土，

第一章 被忽视的力量

自己困守在一座没有任何援军的孤城，面对的是自起兵以来百战百胜的努尔哈赤。已经轻松消灭十多万明军的努尔哈赤认为宁远只是自己战争生涯中一个小小的插曲，孤零零的宁远城及其守将，和他以前碰到的强大明军主力以及那些名将相比，实在是太微不足道了。

当时朝野上下都认为宁远是守不住的，因为自后金起兵以来，抚顺、沈阳、开原、铁岭、辽阳、广宁，没有一座城守得住，全是惨败。面对努尔哈赤亲率的主力部队，如何能守？但是，袁崇焕这个人胆子特别大，率领总兵满桂以及何可纲、祖大寿等将领，坚守城池，并肃清奸细，以防后金军细作混入城内打开城门里应外合。于是后金军只能强攻，用撞城车撞击城墙，还要挖掘城墙的墙基。但是正值隆冬，城墙冻得很结实，而且明军也不断地把火药包往城下扔，后金军被阻。

一天，袁崇焕正与几个幕僚闲谈，得到后金攻城的警报，立即乘轿至敌楼。他依然和朝鲜翻译韩瑗谈古论今，面无忧色，镇静如常。他先令兵民"偃旗息鼓待之，城中若无人"，等到后金兵靠近并进入大炮射程内，便是一声巨响，震天动地。韩瑗吓得不敢抬头。城上西洋大炮开始施放，轰击后金兵。袁崇焕笑着说："贼至矣！"于是打开窗，俯瞰密布旷野、蜂拥而来的后金兵。待后金兵攻入明军有意弃守的外城时，城头又放大炮，城上兵士全部高举火把，照亮整个外城，石头与箭矢齐至。大炮密集发射，城外土石俱扬，火光中后金兵人仰马翻，惨败退军。袁崇焕还玩了一个"行为艺术"，派遣使者带着礼物前往后金营寨，向努尔哈赤"致歉"，说：老将（指努尔哈赤）横行天下这么久，今日败在我这小卒手上，难道不是天意吗？据说此时努尔哈赤已经受了重伤，但是还赠送礼物、名马回谢袁崇焕，回到沈阳后愤懑而死。[1]当然，这个说法存在争议。

袁崇焕用的是什么炮呢？不是明朝自己生产的那种土炮，而是从澳门的葡萄牙人手中购买的三十门西洋大炮，其中十八门放在北京，十二门调到山海关前线。那时候正好是孙承宗担任经略，这十二门大炮就送到了宁远，其中一门已经炸膛，只剩十一门在宁远城头。这种西洋大炮是后金军从来没碰到过的，炸死炸伤很多人，甚至有传说努尔哈赤也被大炮击伤过[2]，但是不能确证（清朝不会承认自己的开国太祖被明军炮火击伤），不过努尔哈赤在宁远之战几个月后确实死了。无论如何这一战确实是努尔哈赤起兵以来唯一的败仗，这对他的打击肯定是很大的。宁远大捷是双方开战以来明军取得的第一次胜利——当然，这是守城战，不是野战。

从明初开始，明军就非常注重使用火器，戚继光又引进了战车以对付骑兵。但是萨尔浒一战明军动用火器一万多支，还

---

[1] 此说见于朝鲜李星龄所撰写的《春坡堂日月录》。
[2] 同前注。

第一章　被忽视的力量

有一千辆战车，为什么对付不了女真人呢？实际上后金军很清楚明军装备有火器，于是创制了楯车。楯车相当于挡箭牌，或者像土坦克一样，用五六寸厚的木板裹着生牛皮，装上轮子，可以前后转动。楯车后面是弓箭手，其后是着重甲的铁骑兵，号称"铁头子"；不仅如此，连马身上都有盔甲。徐光启在一封奏章里曾写道，赫图阿拉北门有绵延数里长的铁匠铺打造铠甲。明军的火器杀伤力很弱，而且质量很差，填装速度又很慢，多次发射后经常炸膛。经典的场景如下：明军与敌野战时，放了一排火器，也没打死几个人，又被楯车挡住，还没来得及第二次装填，女真骑兵就冲了过来，"铁骑冲突，如风如电，火器不点，贼骑已前"，火器手拿着火器，完全没有办法肉搏。很多时候明军就是这样失败的。此前，明军在同蒙古部落交手时凭借火器战无不胜，因此逐渐形成了一种战术依赖，就喜欢使用火器。然而，一旦碰到训练有素而且悍不畏死的女真重骑兵，火器的固有缺陷便暴露无遗，所以每战必败。另外，明军也有火炮，朝鲜之役便是用火炮的射程优势压制了日军的鸟铳。但是这些火炮在同后金军野战时，经常在第一轮炮击后就被冲锋上来的后金军压制住。所以这种战术十分迟钝，是非常糟糕的一种战术。但明军同后金军野战一直采用这种套路，从来没有改变，结果也始终一样。因而从萨尔浒之战一直到广宁之战，明军的火器都无法抵御后金军弓箭和重骑兵的冲击。袁崇焕认为大炮不能像过去那样放在野外，而要放在城头，因为敌方骑兵再厉害也不能立刻冲上城墙。他还发明了一种新的战术，"凭坚城，用大炮"，这才赢得了对女真开战以来的第一场胜利。

后金之所以失败，是没有想到宁远城上已经架设了威力巨大的西洋大炮。后金军最擅长的是"铁骑奔驰，冲突践躏"，也就是在平地绝不可与其争锋。现在有很多人说后金军其实靠的不是铁骑而是步兵，以及其重步兵如何厉害，这就是由于史料太多带来的争议。后金军是综合兵种，既有骑兵也有步兵，后来还组建了炮兵，但主力是骑兵。像萨尔浒之战，努尔哈赤亲率的主力便是五个旗组成的三四万铁骑兵，他们先消灭了杜松、马林部，后面又在努尔哈赤三个儿子的率领下消灭了刘綎部。但是在攻山头的时候，因为马爬不上去，于是骑兵会从马上下来，变成步兵。不过这并不代表他们的步兵是主力，这一点十分明确。由于明清史料太多，我们不要看到一两句话就如获至宝，误以为后金军作战主要靠步兵。

宁远大捷后，天启皇帝特别开心，把西洋大炮封为"安国全军平辽靖虏大将军"；对袁崇焕也非常欣赏，提拔他为辽东巡抚，倚重他守辽西走廊。袁崇焕的升迁速度非常之快，几年前他还只是个七品知县，现在居然变成巡抚，成为封疆大吏了。宁远之战是女真起兵以来遭遇的第一次失败，由此与明朝的战争进入了一个战略相持阶段，后金军不再像以前那样顺风顺水、势如破竹了。

第一章　被忽视的力量

后金天命十一年八月十一日，宁远之战结束半年之后，努尔哈赤去世，他的第八个儿子皇太极接受了众兄弟子侄的拥戴，登上了汗位，年号"天聪"。两个月后，袁崇焕突然派了三十四个人到沈阳为努尔哈赤吊孝，并祝贺皇太极继位，这是非常惊人的一个举动，相当于是要化干戈为玉帛了。据说袁崇焕是借机探听后金内部的虚实，也想试探一下皇太极有没有和谈的意图。当时袁崇焕制订了一个恢复全辽疆土的计划，即"以辽人守辽土，以辽土养辽人，守为正著，战为奇著，和为旁著"[1]。从万历年间萨尔浒之战开始，明朝同后金作战，都是从全国各地调兵，这些客兵到了之后水土不服难以适应，比如四川兵和浙江兵就非常不适应大雪封山的环境，容易溃散，而且当时没有现代的交通工具，千里转运物资的成本极高。如果以辽人为辽兵，以辽土养辽兵，士兵们不仅会有保家守土的高昂战斗意志，同时还能大大减轻朝廷的财政负担。由于明军野战不如后金军，防守是主要的，但也可以趁其不备进行袭扰，和谈则是辅助的措施。袁崇焕的这个恢复之计，之后将给他招致杀身之祸。因为和谈在明朝是一个极其不正确的政治举动，会引发朝野上下的极力反对，谁要提出和谈谁就是卖国贼。

综上所述，明朝军队此时已经大规模地使用火器，尤其是宁远城上的西洋大炮，对改变战局有着深远的影响。明嘉靖

---

[1] [清] 张廷玉等：《明史》卷二百五十九，《袁崇焕传》。

二十二年（公元1543年），乘坐中国海盗船的葡萄牙人将火绳枪传入日本的种子岛。在与日本军队的对抗中，明朝将领逐渐认识到日本火枪的威力与优越性，却未大规模装备明军。此时世界正值冷热兵器混合使用期，明军的火器以及战术已经远远落后于当时的欧洲诸强国，倚重落后火器的明军在野战时完全不是后金军的对手，只能依靠西洋大炮防守城墙；而一旦后金也学会制造和使用西洋大炮，战局将急转直下。

争议中的袁崇焕：阉党、东林党与毛文龙被杀公案

我们先搁置一下战局，讲讲袁崇焕。在讲袁崇焕之前，首先介绍一下阉党的问题。现在网上流行一种说法：阉党是明朝的大救星，而他们的政敌东林党是祸害，甚至说明朝灭亡就是因为魏忠贤及其阉党被清除后东林党上台。事实到底是不是这样呢？明天启七年（公元1627年）宁锦大捷，袁崇焕挫败了后金军攻占锦州、宁远的企图，但是首功竟然归于魏忠贤，理由是居中调度。魏忠贤又指使其党羽以袁崇焕不救援锦州为由弹劾他，袁崇焕被迫辞职归乡。

现在网络上有人为魏忠贤翻案，据说因为阉党主张征收工商税、采矿税，并且向士绅特权阶层收税，遭到了代表工商业、士绅地主特权阶层利益的东林党的反对。然而事实正好相反。天启

第一章　被忽视的力量

年间就上疏要求征收工商税的，恰恰是东林党人李邦华，他后来还被阉党迫害，而阉党的头号人物崔呈秀，则多次要求皇帝取消工商税。实际上这些工商税数量很少，也就几十万两白银。天启五年（公元1625年），东林党人御史杨新期上疏请皇帝征收矿业税，结果被魏忠贤否决。天启皇帝下旨说："方今海内虚耗，正宜休养民力，何得以开矿生衅？杨新期不谙事体，姑不究。"[1]向东林党所在的士绅特权阶层收税，也是东林党人汪应蛟提出来的。所以实际上根本不存在要求对特权阶层收工商税、矿业税的阉党，也不存在极力抵制收税的东林党。事实上，阉党和东林党不是严格意义上的政党，他们都没有统一的政治纲领。

那么，魏忠贤当政的时候到底发生了什么呢？在他当政的几年中，边防军费的供应体系全面崩溃。镇守北京北大门的宣府镇（今河北省张家口一带），每年的军饷应该是二十九万九千两，天启六年只拨了八千两；镇守北京西北大门的大同镇，每年应发军饷四十五万六百两，天启六年实发一万一千五百两。天启六年整个九边军饷共发了九十八万两，实际上应该发四百二十多万两。这直接导致九边将士因为军饷拖欠太久，没法生活，纷纷哗变，甚至连军饷最充足的关宁前线都因欠饷发生了兵变。以后的所谓"流寇"，很多都是原来的明军九边将士。与此同时，魏忠贤却挪用了近六百万两白

---

[1]《明熹宗实录》卷六十三。

银重建了三大殿，不过落成不久天启皇帝便驾崩了，十七年后三大殿被李自成烧毁。崇祯元年（公元1628年）的九边军饷一下子就恢复到三百四十一万两，虽然还未及成例，但却是魏忠贤当政时的三倍以上。

"阉党粉""东林黑"一般也是"袁崇焕黑"。其中的核心问题就是对袁崇焕本人及其杀毛文龙一事的评价。毛文龙是镇守朝鲜皮岛的明朝总兵。有一种论调认为毛文龙是大功臣，袁崇焕之所以杀毛文龙是因为这是他与后金的和谈条件。关于袁崇焕其人，有一种说法称袁崇焕故意在蓟州城放走后金军，致使其直驱北京城下，以此威逼朝廷和谈。此外，还有人说袁崇焕的地位是清乾隆皇帝为了抹黑明朝吹捧出来的，集中体现在清朝官修的《明史》里对袁崇焕的评价，并编造了皇太极用反间计除掉袁崇焕的故事，以此抹黑崇祯皇帝，等等。事实是不是这样呢？更多的内容留待下文叙述，这里先说一说袁崇焕杀毛文龙这段公案。

崇祯皇帝上台后，重新起用袁崇焕，擢升他为兵部尚书，督师蓟辽、登（州）、莱（州）、天津，全面主持对后金作战，并且在紫禁城平台召见袁崇焕，两人一见如故。当时的朝鲜使者对此留下了生动详细的记录，说崇祯皇帝召见袁崇焕于便殿，并特意慰劳他，袁崇焕就说，"愿假以便宜，计五年全辽可复"[1]，就是说皇帝给他便宜之权，不要掣肘，他五年之内

---

[1]［清］张廷玉等：《明史》卷二百五十九，《袁崇焕传》。

第一章　被忽视的力量

就能灭掉后金，收复辽东。这就是著名的"五年复辽"计划。这个确实是大话。崇祯皇帝就说，如果袁崇焕能做到，就封他为侯，还特赐蟒袍、玉带、银币等。历史有时候特别有意思，就在崇祯皇帝召见袁崇焕的时候，袁崇焕未来的冤家对头毛文龙派人来献俘（捉到的女真人）。崇祯皇帝那时候才十六七岁，但也察觉了其中的问题，就对兵部尚书说，毛文龙动不动就献俘，在天启年间也是这样，还自称有兵二十万，找朝廷要了好多钱，让兵部查一查。马上有三个大臣报告，毛文龙只有两万六千人，但是朝廷给了他过多的军饷，而且他也未能收复辽阳一尺土。这说明崇祯皇帝已经怀疑毛文龙是冒功冒饷，献俘也都是假的。

　　崇祯二年六月，袁崇焕刚到前线就任督师不久，就约毛文龙在旅顺附近的双岛会面，当场宣布毛文龙的十二大罪状，祭出崇祯皇帝给他的尚方宝剑将其杀了。这算矫诏之罪，因为崇祯皇帝并没有授权袁崇焕杀毛文龙，袁崇焕伪称有皇帝下诏。但是，十几天后，崇祯皇帝下了一道圣旨给袁崇焕，说"毛文龙悬踞海上，糜饷冒功，朝命频违，节制不受，近复提兵进登，索饷要挟，跋扈叵测，且通夷有迹，犄角无资，掣肘兼碍。卿能周虑猝图，声罪正法，事关封疆安危，阃外原不中制，不必引罪"[1]。意思是毛文龙这个人整天假冒功劳，骗了朝廷好多钱，

---

1 ［清］汪楫：《崇祯长编》卷二十三。

而且多次违抗朝廷命令，不受节制，几次叫他从朝鲜移走，他也不听，最关键的是，他居然率领水师直接到登州，也就是他的上级登莱巡抚驻地，发动兵变索饷，所以袁崇焕杀得对。由此可见，崇祯皇帝是认可袁崇焕杀毛文龙这件事的。崇祯皇帝的另一份圣旨被兵部传给朝鲜，里面写得也非常清楚：毛文龙这些年动不动就以牵制后金为名，虚报战功，献假俘虏，欺骗朝廷，向朝廷索要钱财，但经查证，全无事实；虚报兵员数量，吃空饷；不仅如此，还私自带兵到登州逼饷，这等于造反。圣旨里还夸赞袁崇焕便宜行事，斩杀叛逆，做得对。

那么毛文龙的战功到底如何呢？在他给兵部的塘报中有很多大捷，但有些完全是吹牛皮。比如满浦、昌城之捷，此役毛文龙只以奇兵扰敌，塘报却称战果是杀敌两万人、毙马三万匹。这简直是开天大的玩笑。后金军总共才多少人？这样再打几场，后金岂不是要亡掉了？天启五年五月，朝鲜人李廷龟也说，毛文龙不修兵器，不练兵士，很少有讨伐女真人的意思，他也不交战，却说有十八大捷；实际才抓了六个女真人，反而说斩首六万，夸大了一万倍；曾经有一次献俘，朝廷审核后发现其中有男童四名、幼女四名，把人家小孩子直接抓来充当女真俘虏，朝廷官员都看不下去。

总而言之，袁崇焕杀毛文龙事后得到了崇祯皇帝的首肯，而且即使在袁崇焕被杀后，崇祯皇帝也没有给毛文龙平反，甚至还追加剥夺了他的弟弟毛云龙的待遇，把他定为一个造

第一章 被忽视的力量

反的逆臣。更加戏剧化的是，过了三百年，工作人员在沈阳故宫发现了一批后金时期的原始档案，里边有几份汉字书写的书信，署名是毛文龙，其中一份写着"无论尔取山海关，或我取山东，若从两面夹攻，则大事可定矣。我不分尔所得，我亦不归尔管辖"。这是他写给皇太极的。皇太极打山海关，他打山东，但是他们互不统属、相互独立。其实早在清乾隆年间，纪晓岚就看过这批档案，但是他没有公布，也没有抄录，只是转告了他人。又过了一百多年，清末陈其元在《庸闲斋笔记》中记录了此事，说当年纪晓岚看到了档案，就知道毛文龙曾经和后金勾结，所以毛文龙是"万死不足惜"。这封信就是私下通敌的罪证，铁证如山。这封信泄露了毛文龙的真实意图，他倒也没想投降后金，只是想独立为王。同时朝鲜也一直怀疑毛文龙要和后金勾结，背叛明朝，史料记载也很明确，称"毛将与虏交通，必叛中朝"[1]。

袁崇焕杀毛文龙产生了什么样的后果呢？很多人说，毛文龙被杀令后金再无后顾之忧，可以放心西侵，比如"己巳之变"就发生于毛文龙被杀的五个月后。但是前后未必是因果的关系。要弄清这个问题，首先就要看毛文龙对后金到底有没有牵制作用。毛文龙确实袭击过后金，最多一次获得斩首四百多人的胜利，但他只是小规模骚扰，战斗力极弱，甚至有一次，

---

[1]《朝鲜王朝实录·仁祖实录》卷十三。

他自己报告兵部尚书王永光说，"擒斩者不满二百人，而我之官兵死伤者已四千余人，器械、马匹遗弃杀伤者，又不可胜计"[1]。宁远之战，努尔哈赤全军出动，毛文龙的牵制作用在哪儿呢？没有任何记录。明朝当时弹劾他的人就说，"至奴犯宁远已经三月，毛文龙竟不知觉，何云牵制"[2]，"设文龙于海外，原为牵制不敢西向也，数次过河，屡犯宁锦，全不知觉，牵制安在？！"[3]"己巳之变"的时候，后金只出动了几万部队，而且后金全民皆兵，留守的还有几万人，即使当时毛文龙没有死，也不会有什么牵制作用，最多起到一些骚扰作用，所以有些观点过度夸大了毛文龙对后金的牵制作用，甚至认为比正面的关宁锦防线意义还要大，这明显是违背事实的。

值得注意的是，毛文龙部下出了三个非常著名的人物，就是他的三个养孙（其实不会比他小太多），后来投降后金的孔有德、耿仲明和尚可喜。他们给明朝造成了巨大的损失，也因功被封王，号称"三顺王"。这真有点儿命中注定的感觉，这些投降了后金的明军将士以前打后金是无能的，之后打明军却是有力的，是清军入关后的急先锋，一路打到了广东。当然，并不是如有些人所说的，他们投降后金是袁崇焕杀毛文龙造成的。真实情况是，毛文龙被杀两年后，孔有德与耿仲明因给养

1《明熹宗实录》卷七十三。
2《明熹宗实录》卷七十。
3 [清]汪楫：《崇祯长编》卷十二。

不足发动吴桥兵变，最终投降后金，而尚可喜的投降更是在毛文龙被杀五年之后。那么为什么很多人要为毛文龙翻案呢？他们认为如果毛文龙不被袁崇焕擅杀，明朝就不会失去对后金的牵制；而正是毛文龙被杀，后金没了后顾之忧才会反复入侵，因此导致明朝很快灭亡。

这种看法从本质上说，就是将明朝的灭亡归罪于某个人，甚至某个行为、某个事件，这是一种找替罪羊的自我安慰，它回避了明朝亡国是系统性失败这一根本事实。

己巳之变：崇祯皇帝与袁崇焕的一年之痒

四百年来，在世人眼中，袁崇焕的地位曾一落千丈，直堕地狱之下，然后又开始反弹，一度直抵云霄之上，现在又有点儿下跌。我们不禁要问，对历史人物和历史事件的评价，到底有没有客观标准？为什么对同一人、同一事的评价会如此大起大落？

金庸评价袁崇焕"真像是一个古希腊的悲剧英雄，他有巨大的勇气，和敌人作战的勇气，道德上的勇气。他冲天的干劲，执拗的蛮劲，刚烈的狠劲，在当时猥琐萎靡的明末朝廷中，加倍的显得突出"。这是非常正面的评价，而且影响非常广泛，远远超过历史学界对袁崇焕的评价。当然，同时也有很多反面的评价,像明末的朱舜水(他是一个坚贞不屈的人,因不愿臣服于清朝而逃到日本)就说袁崇焕"前后卖国,继丧辽阳、广宁,滋蔓难图"。二人对袁崇焕的评价显然是截然相反的。

在袁崇焕督师辽东的时候,发生过一个重大的事件。崇祯二年,皇太极在经历过宁锦之役的挫折之后,认识到正面硬攻关宁锦防线不可行,损失太大;而与袁崇焕议和又未果(因为袁崇焕坚持要求后金归还辽东失地,这是他绝不能答应的),于是皇太极改变了战略战术,决定西向绕行蒙古,于崇祯二年十月攻破了长城大安口(今河北省遵化市以北)。

那么,后金军攻破大安口,袁崇焕是否负有责任呢?崇祯皇帝在圣旨中说"关内疏虞,责有分任"[1],就是说大安口这一段蓟镇的长城防线不属于辽东督师,而属于当时总理蓟辽兵务的刘策。所以在皇太极领兵绕过关宁锦防线攻克大安口这件事上,袁崇焕并不承担责任,大安口并不像有些人所讲的那样是袁崇焕的防区。袁崇焕在宁远得到警报以后,马上命令山海关总兵赵率教率领四千骑兵驰援遵化,自己也亲率锦州总兵祖大寿及麾下九千骑兵随后入关救援。十一月初四,赵率教战死于遵化,全军覆没。同一天,袁崇焕兵至山海关,入蓟镇后得知遵化已经被后金军攻克,巡抚王元雅自尽。袁崇焕在榛子镇接到圣旨,获得了调度指挥全国各地援兵的权力。袁崇焕向崇祯皇帝保证,

---

1 [清]汪楫:《崇祯长编》卷九十。

第一章　被忽视的力量

不会让后金军过蓟州城（今天津市蓟州区）。但由于几万后金军突然潜越蓟州，袁崇焕没有阻挡住。现在很多人说，蓟州就在谷口的西出口处，后金军从谷口出来，在蓟州城上一定会看到，所以袁崇焕是故意放后金军攻打北京，目的是想要逼迫朝廷同后金议和。他之所以这么做，是因为他知道五年复辽是空话，怕承担责任。事情是不是这样呢？事实上，蓟州城的东南方是一系列的小丘陵，海拔一二百米，相对高度不到一百米，另外还有霍家峪、红花峪等多条山谷可以通行，甚至史各庄一线还有宽达一公里的平原通道，所以蓟州城根本不是什么"必经之地"。后金军连高大险峻的燕山—长城一线都能突破，难道会穿越不了这些低矮的丘陵吗？

后金军直奔北京而去，袁崇焕率领九千关宁骑兵抢先到达了北京城下。但是这时候发生了一件很奇怪的事情，袁崇焕要求遵循大同总兵满桂的成例，让军队进北京城休息，但是被崇祯皇帝拒绝。这件事非常微妙，说明崇祯皇帝信任大同总兵满桂率领的军队，却不信任袁崇焕率领的关宁军。因为那时候崇祯皇帝受到关宁军引后金军入塞流言的影响，已经对袁崇焕心生怀疑了。关宁军驻守北京广渠门外，背城野战，战斗特别激烈，虽然击退了后金军，但袁崇焕本人却中箭。当时身在关宁军中的朝鲜使臣李忔在《雪汀先生朝天日记》中记录"袁崇焕甲衣上中二箭，祖大寿中左手"，可见战况确实很激烈，而且双方基本打成了平手，死伤相当。后金军暂时被关宁军击退后，十二月初一，崇祯皇帝召见袁崇焕以及祖大寿、满桂、黑云龙等总兵。一见到袁崇焕，崇祯皇帝就质问他当年为什么要杀毛文龙，为什么在北京城下逗留不战，致使北京城外的老百姓遭受了这么多的罪。据说袁崇焕回答不出来，崇祯皇帝立即下令锦衣卫将袁崇焕逮捕。祖大寿这个"第一战将"吓得面无人色，出城后立即率领手下关宁军东奔，出山海关回锦州去了。崇祯皇帝让大学士孙承宗发了几道命令，甚至下了圣旨，要求祖大寿回援北京，但祖大寿坚决不听，打出了山海关。皇太极闻讯大喜，派出使者招降祖大寿，但被祖大寿斩杀。关宁军走后，后金军趁机包围北京城，总兵满桂率领四万大军被逼出战，在永定门外全军覆没，满桂、孙祖寿两个总兵战死，麻登云、黑云龙两个总兵被俘，"马步数万，一掷而空"[1]，再一次证明明军在野战中远不是后金军的对手。唯一能与后金军野战的只有关宁铁骑，就是祖大寿率领的这支部队。崇祯皇帝情急之下，命令大臣去劝说狱中的袁崇焕写信给祖大寿；袁崇焕写了信，要求祖大寿回援北京，这样祖大寿才回来，并且收复了关内被后金军占领的四座城池。

这就是后金军的第一次入塞，因为时值己巳年，史称"己巳之变"。它彻底改变了战争双方的态势，证明了孙承宗、袁崇焕投入巨资建设的关宁锦防线无法阻挡后金军，他们可以绕

---

1 [清]周文郁：《边事小纪》卷一，《辽西复守纪事》。

第一章 被忽视的力量

过防线攻入明朝的腹心地带。事实上，随后后金军又如法炮制，五次入塞，杀伤掳掠了大量军民，证明仅靠坚城大炮的防守无法赢得战争，明朝的命运至此已注定无法挽回了。但令人惊讶的是，皇太极没有听从手下将领的劝说去攻打北京城，他说不愿意看到后金军遭受更多的损失，于是返回辽东。在包围北京的时候，皇太极多次派人到城里想要和崇祯皇帝议和，都被坚决拒绝。"己巳之变"是皇太极指挥策划的非常大胆的军事行动。他敢于不要后方、不要后勤，孤军深入腹心之地，包围北京，歼灭了几万精锐明军，杀死、俘获了明军六名总兵，粉碎了明朝想依靠关宁锦防线筑垒推进，进而收复失地的构想；对明朝京畿之地长达四个月的劫掠，严重削弱了明朝的国力与信心，这标志着双方战争进入到后金军全面进攻的阶段。

袁崇焕入狱后，被关了大半年，最后被崇祯皇帝下令凌迟处死。罪状有很多，说袁崇焕"付托不效，专恃欺隐"[1]，还把粮食卖给蒙古人，而且想和后金议和，杀了毛文龙。最关键的是，崇祯皇帝认为袁崇焕故意放纵后金军长驱直入，致使北京城被围，而且兵临城下的时候又带着以前与后金和谈的中间人（一位喇嘛），还要求关宁军入城，证明袁崇焕心怀不轨。

也许是深受评书、戏剧、章回小说的影响，不少人评论历史事件总是喜欢简单化，将成功或失败都归之于某一个人，

---

[1] [明] 谈迁：《国榷》卷九十一。

成功是因为有忠贞爱国者，失败则是因为奸臣当道，有卖国贼。袁崇焕此时便不幸成为"己巳之变"的替罪羊，承担战败的责任，这样一来大明朝野上下就不需要认真总结反思了。自萨尔浒之战后，损兵失地、节节惨败的根本原因在哪儿？崇祯皇帝既然不知道原因，就谈不上认真想出符合实际的应对策略，只能从失败走向更大的失败，从找一个替罪羊到找另外一个替罪羊。为什么袁崇焕"顿兵不战""逗留城下"？因为关宁军也不是后金军的对手。在广渠门下背水一战，背靠城墙，后金军很难形成合围，关宁军总算打了一场规模其实并不太大、死伤在几百人上下的战斗，双方打了一个平手。他要是率领九千骑兵与几万后金骑兵进行正面野战对抗，完全是自杀、找死。一直到崇祯二年，明军可与后金军对抗的部队只有祖大寿率领的九千关宁铁骑而已。满桂率领的天下援兵四万人，一天之内就被后金军全歼，四个统帅非死即俘，失败得彻彻底底。缺乏一支可以和后金正面对抗的精锐部队，是明朝面对后金的最大弱项。

皇太极还曾仿照《三国演义》中的"蒋干盗书"，对崇祯和袁崇焕实施反间计。他将两个被俘的太监放回北京，让这两个太监在北京城中到处散布袁崇焕将勾结后金、入塞围京的谣言。现在有不少人认为，皇太极的这个反间计完全是后人编造的，但实际上确有此事，当时的明朝人比如谈迁、张岱、黄宗羲等都曾留下记录，说听到过袁崇焕与后金勾结

第一章　被忽视的力量

的消息。皇太极也曾对后金军中的朝鲜使者实施过同样的反间计，但被朝鲜使者识破。朝鲜使者将此事汇报给了朝鲜国王："则骨大辟左右，附耳语曰：'袁经略果与我同心，而事泄被逮耳。'此必行间之言也。"[1]骨大即龙骨大，是后金将领英俄尔岱的朝鲜语称呼。只可惜，崇祯皇帝的智商不及朝鲜使者，朝鲜使者一听就知道后金是在行反间计。明朝、后金、朝鲜三方证据一致，显然后金用了反间计之事并非虚构，但是这并不是袁崇焕的全部罪状，只是压垮袁崇焕的最后一根稻草。崇祯皇帝也不可能笨到真的完全相信太监的传言，只是传言印证了他一向的怀疑，即袁崇焕打算引金兵入塞，包围北京，以战迫和，甚至通敌卖国，所以才在城外逗留，不敢与后金血战。最关键的是，崇祯皇帝一直在深宫之中，哪怕他去永定门城头看一看四万精锐大军是怎么一瞬间被后金军消灭的，都不会怀疑袁崇焕，质疑他为何不敢率军与后金军正面血战。如果袁崇焕真的是叛徒、卖国贼，他怎么可能在狱中写信让祖大寿回援北京？如果袁崇焕作为统帅是叛徒、卖国贼，他手下率领最精锐部队的头号大将祖大寿怎么可能不与他合谋，否则这个国怎么卖呢？如果祖大寿也是卖国贼的话，他又怎么可能听袁崇焕的话，回师救援北京呢？所以，此事从逻辑上是完全讲不通的，袁崇焕和祖大寿不可

---

[1]《朝鲜王朝实录·仁祖实录》卷二十二。

能是卖国贼。又有一些人认为袁崇焕是由清廷平反的，后来又把他吹捧上去了，这也不符合事实。实际上南明（明朝在南京建立新政后历经四帝，后人称之为"南明"）永历皇帝就为袁崇焕平反了，并且赠谥号"襄愍"；清朝官修的《明史》对袁崇焕的评价并不高，甚至有点儿苛刻，说"崇焕智虽疏，差有胆略"，意思是袁崇焕志大才疏，没什么本事，但有点儿胆量。

  在明末大势下，仅靠一个人的力量无法挽狂澜于既倒，北京城下四万明军一天被歼，说明明军的战斗力远弱于后金。"五年复辽"确实只是夸海口的大话，"己巳之变"让此大话成为笑柄。年轻的崇祯皇帝恼羞成怒——期望太高导致失望太大。当时明朝大臣的通病，就是很多话都是安慰皇帝、激励士气的口号而已。但毕竟五年期限未到，因为袁崇焕吹牛说"五年复辽"而杀之肯定不行，所以其罪状中并没有这一条。之后崇祯皇帝最宠幸的杨嗣昌还说过"百日平贼"（一百天之内消灭农民军），最后兵败自杀，崇祯却没有因为他吹牛而事后追究，而是大为痛惜。这个标准都是双重的。

  我觉得孟森先生对这一段公案的评述讲得特别好：

> 庶知三百年公论不定，一翻明末人当时之记载，愈坠云雾中。论史者将谓今日之人不应妄断古人之狱，惟有求

第一章 被忽视的力量

之故纸,凭耳目所及者之言以为信。岂知明季之事,惟耳目相及之人,恩怨是非尤为纠葛。[1]

就是说,明末留下的史料太多,私家记述也特别多,每个人都有自己的立场,有极其痛恨袁崇焕的,也有极其爱戴他的,所以每个人写下来的东西都不完全一样。三百年后,人们看到这段公案,云里雾里,根本弄不清楚事实的真相究竟是什么。好在现在史料更加丰富,有朝鲜人的目击证明,比如证明毛文龙确实和后金是勾结的,证明后金确实实施了反间计,崇祯皇帝确实上了当。我个人认为,清乾隆皇帝对袁崇焕的评价相对来说客观一点儿,他说袁崇焕这个人稍微有点儿才,但不是太大,很粗率,此前平台召对的时候大言不惭,"五年复辽"是说大话。不过乾隆皇帝又说,毛文龙虽然彪悍不逊,不听命令,但袁崇焕杀他也是不对的,证明此时乾隆皇帝也没有看到满文档案中毛文龙勾结后金的投降书。相对而言,除了斩杀毛文龙一事,乾隆皇帝对袁崇焕的评价还是比较中肯的。

总的来说,找一个替罪羊是逃避自己与团体责任的最佳途径,反映在明末就是所谓的"党争",但这只是一种非常肤浅

---

[1] 孟森:《明本兵梁廷栋请斩袁崇焕原疏附跋》,载《国立北平研究院史学集刊》第一期(1936年),收入《明清史论著集刊》,中华书局1959年版。

的理解，党争只是内部矛盾激化到没法解决的时候推出替罪羊的一种手段。而且更关键的是，杀了袁崇焕以后，还会再出一个敢守孤城、敢于同后金军正面野战的统帅吗？不会了。所以《明史》云"自崇焕死，边事益无人，明亡征决矣"[1]——明朝灭亡已不可避免。

大凌河之战：关宁锦防线流尽了明朝的血

面对坚固的关宁锦防线，皇太极调整了自己的战术。他一方面避开关宁锦防线，绕道蒙古入塞，直入明朝的腹地，兵临北京城下，在野战中消灭了明朝从各地调来勤王的精锐主力，俘获了大量人口，以此削弱明朝的实力；另一方面开始改变正面强攻关宁锦防线的战术，改为围城打援，在野战中消灭明军的有生力量。这两个新的战术让明朝顾此失彼，慢慢流血而亡。

大凌河之战是皇太极第一次采取围城打援的战术。袁崇焕被罢免以后，崇祯皇帝重新起用了孙承宗督师辽东。孙承宗仍然遵循坚守关宁锦防线的战略，他派遣祖大寿、何可纲重修加固并驻守锦州东边三十公里左右的大凌河城（今辽宁

---

1 [清] 张廷玉等：《明史》卷二百五十九，《毛文龙传》。

第一章 被忽视的力量

省锦州市凌海市），作为辽西走廊最东边的一线桥头堡，里面有驻守、修城的明军一万三千多人，以及工匠、商人两万多人。崇祯四年（公元1631年）八月初六，大凌河城刚修筑了二十天，还没有完工，侦知消息的皇太极便亲率大军突然围城，明朝最善战的将军祖大寿及其麾下关宁铁骑被合围。一改往日强攻城墙的做法，皇太极下令围城而不强攻，他认为"攻城恐士卒被伤，不若掘壕筑墙以困之。彼兵若出，我则与战；外援若至，我则迎击"。另外，"明人善射精兵尽在此城，他处无有也"。"夫明国之劲兵，尽困此城，他处援兵，无足为虑。"[1] 他又一次强调了，明朝唯一能打的就是祖大寿手下的关宁军，其他的明军根本不值一提，最后事实也确如他所料。当时朝鲜使者向朝鲜国王汇报，说皇太极的将领们请求与守城明军决战，但皇太极以"凌河之人，天所以授我"为由拒绝开战。这里就透露了皇太极的真实想法：他想围困大凌河迫使祖大寿投降，进而将祖大寿手下最精锐的一万多关宁军为后金所用，因此坚决不正面攻城，既不想损失自己的后金军，也不想让关宁军损失太大。所以皇太极此次围城做足了功课，挖了四道壕沟，而且壕沟边上还筑有高墙，很难突破，连明朝人也惊呼"逆奴围（大）凌，连挖四壕，弯曲难行，器具全备，计最狡矣！故虽善战如祖大寿，无怪其

---

1 《清太宗文皇帝实录》卷九。

不能透其围"[1]。

在城内的祖大寿四次突围失败，明朝从后方先后派了一批批援军来解围。第一次大规模解围是靠辽东巡抚邱禾嘉、吴襄率领的七千锦州兵，因为锦州离大凌河城很近。当时大雾弥漫，皇太极率领护军两百人发现有明军前来救援，他拿着长枪率军渡河直冲明军阵营。结果七千明军居然不能阻挡这两百人的冲击，一路溃逃至锦州城下，甚至有明军掉进了己方的战壕中死去。这一次解围兵败后，孙承宗亲自赶到锦州，指挥更大规模的救援，集合了四万大军，由张春、吴襄、宋伟率领。秋天的时候，明军四更起营，直趋大凌河，据称离城还有七八公里时被清军的哨兵侦察到了。皇太极与代善、莽古尔泰、多铎等人率领两万人前往战场视察，一开始想以四面列大小炮、鸟铳等火器攻击明军，但是皇太极考虑到后金军的步兵行进得太迟缓，速度太慢，于是亲自率领两翼骑兵直冲明军。四万明军坚守不动，火器齐发，声震天地。后金军右翼兵冲入张春的军营，明军又一次溃败，总兵吴襄逃跑。此战对明军更不利的是，后金军已经成功自制红衣大炮。袁崇焕守宁远的时候，就是用葡萄牙的红衣大炮击败了努尔哈赤，取得了明朝对后金的第一次胜利。如今后金军成功自制红衣大炮，并且用在大凌河

---

[1]《兵部呈为王应朝题查明后金拆毁大凌河城情形本》，载《历史档案》1981年第1期。

第一章 被忽视的力量

的围城之战,轰塌了城外众多的明军城堡,明军仅有的优势荡然无存。参与大凌河围城的红衣大炮和大将军炮共有四十门,"炮兵司令"是佟养性(康熙皇帝的生母佟皇后就出自佟家),他特别强调火器的重要战略作用,"夫火器,南朝仗之以固守,我国火器既备,是我夺其长技。彼之兵,既不能与我相敌抗,我火器又可以破彼之固守"[1],如多备火器,就能"握全胜之势"。显然,火炮是明朝固守城池的主要依靠,现在后金军也有火炮了,明军的优势就没有了,守城也更加困难。而在野战中明军又完全不是后金军的对手,所以后金军如多备火炮则必胜无疑。最终,四万明军惨败,几乎全军覆没,督师孙承宗被撤职。

当时大凌河已经变成孤城,但祖大寿还在坚守,拒不投降。皇太极多次致书城内,想劝降祖大寿。在《内阁藏本满文老档》里保留的一份书信,非常有意思,开头是"满洲国皇帝致书祖大将军:……乃率大军长驱直入,不期与将军在此相遇。我实爱慕将军,天使我二人和好,故欣然遣使致书"。其中"爱慕"这个词用得有些肉麻,爱慕祖大寿的原因是什么呢?"我生长海滨,惟知兴兵,而于教养人民、抚绥军士之道诸多未谙,又不晓山川地势之险易,兴兵攻伐之事我自当之,指挥教养之事,请将军任之,愿共劳逸、同富贵,是我之意也。"皇太

---

[1] [清] 佟养性:《佟养性谨陈末议奏》,载《天聪朝臣工奏议》。

极直言自己只知道打仗，是一个粗人，不熟悉怎么教养人民、怎么抚绥军士，对于山川地理情况也不清楚，所以自己只能领兵打仗，其他的事情交由将军，二人结成生死同盟，共同富贵。这体现出皇太极非常深远的用心，因为双方交手过很多次，他知道祖大寿是明朝最善战的将领，他很想完整地接收这支明朝最精锐的军队及其指挥者。皇太极不止一次地给祖大寿写信说大凌河孤城被困，他并不是不能打下这座孤城，因为已经有红衣大炮可以攻城；他也不是不能长久地围困，但为什么一定要劝说你祖大寿投降呢？"但思山海关以东，智勇之士，尽在此城""若杀尔等，于我何益？何如与众将军共图大业"[1]，皇太极决意，要收服这支军队。

在信中，皇太极赌咒发誓，说祖大寿若投降，他绝对不会杀降兵降卒。"（尔）可遣人来。我当对天地盟誓。我亦遣人至尔处莅盟。既盟之后，复食其言。独不畏天地乎？"就是说，他们相互派人到对方营地去，一起对天发誓，如果食言就遭天地惩罚。皇太极写信时用词还是比较谦虚的，甚至于谦卑，言下之意就是自己特别爱慕祖大将军，一定要将其收服。

但是祖大寿不敢投降，因为后金以前入塞有屠城的行为，比如阿敏从永平城逃跑的时候。

---

[1]《满洲秘档》《太宗攻锦州致书祖大寿》《太宗再致祖大寿书》，载《近代中国史料丛刊》第十一辑。

第一章　被忽视的力量

双方相持了几个月以后，大凌河城内情况怎样呢？因为是在筑城时候被突然合围，所以大凌河城里面没有什么粮草积蓄。一名叫王世龙的明朝军官出城投降后金，向其汇报了城中的情况，说城内粮食已经被吃光，平民、杂役、商贾大多已经饿死，"存者人相食，马毙殆尽"[1]。还有一个叫张翼辅的人，从城里逃出，也说城里已经无粮，"先杀工役而食，今杀各营兵丁食之"[2]，只有高级军官才有余米一二升。在这种情况下，祖大寿只好出城投降，但是他的副手何可纲坚决不从，祖大寿就当着后金军的面杀了他。投降当晚，祖大寿亲往后金军营谒见皇太极。皇太极以隆重的礼节接待，命诸贝勒出迎一里外，而他则迎出幄外，并且谢绝祖大寿行跪拜礼，而行满族最隆重的抱见礼，然后两人并肩入帐，互相敬酒。皇太极把自己御用的黑狐帽、貂裘、靴鞋、雕鞍、白马等赐给祖大寿。祖大寿貌似非常感动，说："皇上优待若此，夫复何言？我虽至愚，岂木石耶？"[3]祖大寿对皇太极说，现在守锦州的都是他的老部下，让皇太极放他回锦州，他就说是突围出来了，然后他再把锦州呈献给皇太极，怎么样？皇太极大喜，说这是个好主意。但是祖大寿一去不返，二人再见的时候已是十年后的锦州城下。

---

1 《清太宗文皇帝实录》卷九。
2 中国第一历史档案馆整理编译：《内阁藏本满文老档》第七函。
3 同前注。

大凌河城被攻破后,后金军清点了城内人数,共一万一千六百八十二人,战马还剩三十二匹,粮食仅存二百三十三袋。皇太极命令明朝的一万多军士全部剃发加入八旗。皇太极在此之前已经俘获了率领四万多人援助大凌河城的张春,也想劝其投降,但是张春坚决不从。皇太极也拿他没办法,就把他安置在沈阳城外的长兴寺里,穿着汉服,留着头发。朝鲜使者在旁目击了这一切,后来朝鲜国王问使者张春的相貌如何,使者说张春个子很矮,年纪五十出头。朝鲜国王又非常好奇地问皇太极长什么样,动作举止如何。使者回答说他的容貌和诸将稍微有点儿不一样,"动止则戏嬉言笑,无异群胡",就是开玩笑时说些玩笑话,动作和底下的众胡人差不多。但是有一个很重要的细节,吃饭或者赏赐物品给属下的时候,皇太极一定是亲自递给对方;每次宴饮的时候,他盘腿而坐,面前放置酒器数十个,他会把他喜欢的将领召到榻前,亲自为属下斟酒。由此可以看出他非常会笼络人心。朝鲜使者同时也观察到,后金的王爷们互相猜疑,以后肯定会发生动乱或政变。另外,他还描述皇太极的长子豪格"年二十余,容貌不凡,颇有弓马之才"[1],而入关后消灭张献忠的正是豪格。

大凌河之战之后大概有十年,在辽西走廊再也没有发生大规模的战事,因为后金把重点集中到了西边的察哈尔蒙古和东

---

[1] 吴晗:《朝鲜李朝实录中的中国史料》第九册。

第一章 被忽视的力量

边的朝鲜,要收服察哈尔蒙古、彻底征服朝鲜。但是,这十年间后金不断地发动入塞的军事行动,令明朝国力大损。

与此同时,崇祯二年爆发大饥荒,而此前因军饷问题,明朝边境裁撤了很多士卒,九边长城除辽西走廊这一线外,也基本放弃了抵抗。这些被裁撤的士卒纷纷参与农民的造反,明朝陷入了内忧外患之中。

第二章 后金的野心

征服蒙古，改国号为"大清"

大凌河之战明军损失惨重，此后十年中，辽西走廊未出现大规模战争。但是后金并没有闲着，它首先要解决的就是后方不稳的问题。

明末清初的历史，我们一般看到的是明清对立，而实际上是三足鼎立。后金的地缘政治环境非常恶劣，西南方是头号死敌，发誓要彻底消灭后金、收回辽东失地的明朝，也是最强大的对手；东方是明朝的忠诚藩属国朝鲜，后金实际上被明朝东西夹击，萨尔浒之战明朝就征调了朝鲜一万三千人的军队，可惜这支军队在稍做抵抗后就彻底投降了。后金的西方是蒙古诸部，其中以察哈尔部最为强大。后金的北方，从松花江以北到黑龙江流域，是野人女真诸部，虽然同属女真族，双方语言风俗很相似，但并没有被后金征服。

大凌河之战以后，后金把主要力量对准了西边的林丹汗。林丹汗据称是黄金家族的后代，是成吉思汗和忽必烈的嫡系子孙；他自称是全蒙古的大汗，而且称自己为成吉思汗。后金天命四年（公元1619年）十月二十二日，林丹汗给努尔哈赤写了封信，以"四十万蒙古国之主巴图鲁成吉思汗"的口吻"致

第二章　后金的野心

问水滨三万女真之主"。他称自己是拥有四十万兵马的蒙古之主、勇士、成吉思汗，将努尔哈赤看作只有三万人马的女真之主，态度极其傲慢。林丹汗为什么写这封信呢？因为明朝想拉拢察哈尔部一起夹攻后金。当时努尔哈赤正准备进攻广宁，明朝辽东巡抚王化贞试图以夷制夷，联西虏（蒙古人）对东夷（女真人），因此林丹汗写信警告努尔哈赤赶紧退兵，不要攻打广宁，当然努尔哈赤根本就没有理会他。

王化贞也是脑洞大开，认为蒙古察哈尔部和明朝关系一般，但可以通过出银子、给赏赐的方式，联合他们一起夹攻努尔哈赤。自己率六万主力渡过辽河，便可以一举荡平后金。他的自信完全来自脑子里虚拟的宏大战略计划：东边是朝鲜，明朝的藩属国；西边是蒙古察哈尔部，女真的死敌；三方一起夹攻，就可以荡平努尔哈赤。而且蒙古有四十万兵马，大明有一二十万兵马在辽东前线，朝鲜起码也能调动好几万兵，而努尔哈赤总共才三万人，其实这都是纸面上推演的数字游戏，根本没有考虑其可行性。比如，四十万兵马存不存在？即使存在，真正能作战的有多少？组织力、意志力、战斗力如何？事实是，后金率先进攻广宁，渡过辽河，十几万明军全面溃败，一路退到三百多公里外的山海关内，经略熊廷弼和巡抚王化贞一起逃跑，最后双双被杀。

蒙古人与女真人一直居住在东北，边墙以西是蒙古，以东则是女真，双方长时间交往、通婚，关系非常密切。当时的蒙古已经四分五裂，大致分为三块：以大漠戈壁为界，北边是漠北蒙古喀尔喀，南边是漠南蒙古（林丹汗所在的地方），西边是漠西蒙古。虽然林丹汗自称全蒙古的大汗，但漠北蒙古、漠西蒙古根本就不听其号令，而且漠南蒙古也不是铁板一块，林丹汗只能控制察哈尔部，靠近东边的蒙古部落都被后金分化、拉拢过去了。蒙古那时候已经诸侯并立很多年了，不愿意有人统一他们，削弱自己的权力。

大凌河之战后，皇太极开始重点攻击林丹汗，为此发动了数次远征。林丹汗每战必败，一路向西狂奔。皇太极分兵三路，穷追不舍四十一天，一直攻到归化城（今内蒙古自治区呼和浩特市）。林丹汗渡过黄河逃到青海大草滩，最后死在那里。其所属部落一路溃散，很多被后金收服。

天聪九年（公元1635年）二月，皇太极命多尔衮率军一万，第三次远征察哈尔部，那时候林丹汗已经死了，但他的儿子额哲还在。后金军渡过黄河，包围了额哲的营帐，额哲与母亲奉元朝皇帝的传国玉玺出降，蒙古国正式宣告灭亡，漠南蒙古全部纳入后金的版图。这不仅是林丹汗察哈尔部政权的败亡，也意味着成吉思汗黄金家族长达四百二十八年的统治至此结束。同时它也影响了当时政治局势的发展，标志着明朝以前一门心思想联蒙抗金、以夷制夷的政策彻底宣告失败。

皇太极得到传国玉玺后，被以额哲为首的漠南蒙古四十九个封建主尊奉为"博格达彻辰汗"。"博格达"是蒙古语"天"

第二章 后金的野心

的意思,"彻辰"是"聪明"的意思,加在一起就是"天聪",正是当时皇太极的年号。当然了,以后这个故事还会延续下去,因为林丹汗还有一个孙子布尔尼,他在康熙年间趁着三藩之乱的时候反叛了朝廷。

就在这一年(公元1635年),皇太极宣布了一个重大的举措——改族名,废止了"女真""诸申"等名称,定族名为"满洲"。据说这是有考量的,因为有四五百年前金兵入侵北宋、南宋的事情,如果皇太极还自称为女真人,会激起民众的激烈反抗,所以改叫满洲。

天聪六年(公元1632年),远征林丹汗的后金军路过宣府。宣府巡抚沈棨与后金和谈,双方互赠礼物,还对天盟誓。后来此事被崇祯皇帝知道了,直接把沈棨抓了。

天聪十年(公元1636年)四月十一日,皇太极决定改国号为"大清"。"后金"是现在历史学上对努尔哈赤所建政权的一个称呼,为的是要与北宋时期完颜阿骨打建立的"金"相区别。从努尔哈赤一直到皇太极的政权名称一直非常混乱。在原始的公文档案中,一般称"女真诸国"(jusen gurun)。"gurun"是国家的意思,"jusen"是"诸申"或者"女真",它们都是汉语的音译。更多的时候他们称自己为"满洲国"(manju gurun),比如皇太极写给祖大寿的信中便自称为"满洲国皇帝"。偶尔也会用到"后金"(amaga aisin gurun)这个词,"aisin"就是"金"的意思,"amaga"是"后来的",为的也是同完颜氏的"金"进行区别。所以后金政权的标准国号其实是一笔糊涂账。"大清"（daicing）并不是我们通常理解的那样，国号叫"清"，"大"是"伟大"的意思。后金人认为"大清"就是国号，意为"勇士"，"大清国"（daicing gurun）就是"勇士国"的意思。有人说这是蒙古语转译的，因为满族人和蒙古人在语言上有相通、借用的地方。不过，满族人称正式国号的时候又在前面加了一个词"amba"，就是"大"的意思，变成"amba daicing gurun"，就是"大勇士国"。

在盛大辉煌的大清开国仪式上，发生了一件极其不和谐的事。就在大家向大清皇帝皇太极行三跪九叩大礼时，朝鲜的两个使者——罗德宪和李廓，抵死不从，坚决不下跪。为什么呢？因为朝鲜人只认一个天子、一个皇帝，就是大明天子，而且朝鲜"素以礼义闻天下，称之以'小中华'，而列圣相承，事大一心，恪且勤矣"[1]，如果向皇太极下跪，怎么对得起祖宗？怎么对得起天下？怎么对得起后世？这样苟且偷安多活几年又有什么意义呢？朝鲜使者的行为深深地刺激了皇太极。在此之前，后金军已经击败了朝鲜，朝鲜国王逃到江华岛避难，双方最后签订城下之盟，约为兄弟之国，后金为兄，朝鲜为弟。但是朝鲜还是忠心耿耿地对待大明，对后金三心二意，于是直接导致了在天聪十年年底皇太极大举

---

[1]《朝鲜王朝实录·仁祖实录》卷三十二。

出兵，彻底征服朝鲜。

征服朝鲜，明朝东亚朝贡体系崩溃

皇太极在改国号的同时，也改年号为"崇德"，所以天聪十年又是崇德元年。在开国仪式上，两个朝鲜使者坚决不下跪，得罪了皇太极，皇太极由此怀疑朝鲜先前和他达成的兄弟之约完全不可靠，朝鲜还是忠诚于明朝。

早在明天启七年，也就是清天聪元年时，皇太极就曾经入侵朝鲜，因为是丁卯年，朝鲜称之为"丁卯胡乱"。朝鲜被迫与后金议和，约为兄弟之国。但是朝鲜仍然和明朝保持着宗藩关系，还是忠于明朝，而且对后金持敌对态度。有一次皇太极要进攻明朝，向朝鲜征调兵船。当时的朝鲜国王李倧（庙号仁祖）故意拖延三天才见后金使者，而且对他说："大明是我的父亲，我怎么能和你一起勾结，去攻打我的父亲呢？"于是，拒绝了后金的要求。双方的关系本就十分紧张，又发生了开国仪式上朝鲜使者拒不下跪的事情，皇太极决定发兵彻底征服朝鲜。

于是，明崇祯九年（公元1636年，同时也是清崇德元年、朝鲜仁祖十四年）年底，清军以铁骑为主力，越过鸭绿江，直逼朝鲜王京（当时朝鲜国都称王京，正式的行政区划是汉阳府，因为在汉水之北而得名），因时年丙子，朝鲜史称"丙子胡乱"。朝鲜国王早早就把后妃等亲眷送到江华岛（这是朝鲜国王的避难之所，"丁卯胡乱"时朝鲜国王就曾逃到这里）。朝鲜国王晚走了几天，恰逢天降暴雪，无奈便躲避在汉阳府南边的一座山城中。山城叫南汉山城，规模非常大。当年隋唐征高句丽，战事之所以十分艰难，就是因为高句丽人日常生活于平地，一旦遭到入侵，就会躲进附近山中事先修筑好的山城，而要逐一攻克上百座坚固的山城是十分困难的。朝鲜现在准备以此与清军周旋，因为面对势如破竹的清军，他们根本没有办法正面抵挡。早在明朝万历年间，朝鲜副护军孔瑞麟上疏给当时的国王时就曾经说过，女真人"便习弓马，忍饥耐寒"，他们一个士兵的战斗力顶朝鲜兵一百个。此言虽然有点儿夸张，但从"丁卯胡乱""丙子胡乱"的实际表现来看，野战中朝鲜军队确实是不堪一击的。

朝鲜国王在南汉山城发出勤王令，要求各地的兵马驰援，但几路勤王军除了顿兵不前的，其余基本被歼。清军最擅长围城打援，以前在辽西走廊运用此法，现在又在朝鲜上演，其中勤王"双岭之战"即是一例。

庆尚左兵使许完是一名年纪很大的将军，统率四万人。当时的朝鲜军队吸取了明万历年间被日军入侵的教训，于是向日军学习，装备了大量的鸟铳，虽然不及同时代的欧洲火器，但在东亚已经非常先进了，其质量可能还要超过明军。许完的四万朝鲜军就以鸟铳为主要武器，用木栅栏围着，防止敌人的

第二章 后金的野心

骑兵来冲击，这简直就是后金攻打辽阳、沈阳时明军战术的翻版。但是清军装备有楯车，可以有效地抵御射程和杀伤力相对有限的鸟铳。朝鲜军队不断施放火器，但每人只有火药二两，打完之后就大叫后勤来补充火药。清军中有懂朝鲜语的人，趁朝鲜军补充火药之际，迅速组织冲锋，攻破木栅栏，整个朝鲜军阵彻底崩溃。由于被木栅栏围在里面，朝鲜士兵需要翻越才能逃脱，但又根本翻不过去，于是后边的人拼命挤压，死伤无数，景象非常惨烈。许完准备骑马逃跑，但因为年纪太大，连续三次上马都掉了下来，最后被清军一刀杀掉。左路军彻底崩溃，右路军则更加悲惨。当时使用的鸟铳上面有一根火绳，在装弹之后用以点燃火药发射。有兵士慌乱中将火绳掉在了火药中，引发爆炸，烧死两名军官，军中大乱，清军趁机进攻，朝鲜军大败。

清军大举入侵朝鲜，作为宗主国的明朝是什么反应呢？一直到清乾隆十四年（公元1749年），已经是崇祯皇帝自杀殉国一百多年以后了，朝鲜君臣才知道当时明朝的决策。当时的朝鲜国王李昑（庙号英祖）说，崇祯皇帝面对"清兵满辽阳、流贼遍中原"的艰难处境，还想要派遣水师救援朝鲜，虽然这个事情已经过去一百多年了，但他还是觉得十分感动，"中夜念此，不觉泪下"。

各地援军不是被消灭，就是顿足不前，南汉山城指日可下，因为清军带来了红衣大炮，发射的炮弹落到城内，大如鹅卯，令城内的人非常慌乱。当时朝鲜分成以吏曹判书崔鸣吉为首的"主和派"和以礼曹判书金尚宪为首的"斥和派"（主战派）。崔鸣吉认为，援军来一批就被消灭一批，国王被困在孤城之中，毫无办法，这个时候还继续高呼"与其讲和而存，宁守义而亡"实在是不合时宜。"守义而亡"讲究的是对国家的忠诚，是对臣子的道德要求，而"宗社存亡，异于匹夫之事"，这是两件事情，两个标准——国王可以投降，大臣不可以投降。金尚宪看到崔鸣吉草拟的降书后，立刻将其撕毁。他一边痛哭，一边对国王说，如果向清军投降，清朝皇帝和他们的君臣名分就确定了，国王肯定要出城向皇太极跪拜请罪，这是侮辱，所以坚决不能投降。大臣们站在国王身边，全在痛哭，"号泣之声，闻于户外"。

最后朝鲜国王决定投降。为什么呢？他说自己以前还想继续抵抗，但现在江华岛已经被多尔衮率清军占领，自己的亲眷都变成了人质，如果继续抵抗，国家一定会灭亡，老百姓肯定会被清军俘获，给他们当奴隶，这样的话还不如自己一人受辱。以当时的情形，朝鲜国王坚决抵抗的话，后果是确凿无疑的，就是南汉山城被破，国王被俘或者被杀，朝鲜彻底灭亡。而朝鲜当时已经没有任何抵抗力，所以国王决定出城投降。主战派金尚宪是非常忠诚刚烈的，他无法容忍朝鲜投降。他累日绝食，又企图上吊自杀，被他儿子给救了下来。

朝鲜国王投降的时候，清军命令其不能出南门，因为南门是正门，于是朝鲜国王只能穿着蓝色衣服，乘着白马，率领世子和五十多人出西门，向皇太极三跪九叩。

举行过投降仪式后，清军大将龙骨大（即英俄尔岱）提出进行射箭表演；这是满族人特别喜欢的一种游戏，即在大型典礼之后来一场射箭比赛，看谁射得准。最后朝鲜国王的卫队长郑以重勉强出列，五次俱不中，据说是因为清朝弓矢的制式和朝鲜不同，实际可能是慌张，连手都抖了，怎么能瞄得准呢？场面非常凄惨。

彻底征服朝鲜以后，清军再也没有后顾之忧，并且还可以征发朝鲜的军队（主要是火器手）和粮食为己所用，在之后与明军的松锦决战中，朝鲜的火器手还发挥了重要的作用，明朝则失去了重要的同盟国。此时的明朝，一方面国内农民起义蜂起，另一方面清军又不断入塞南下，抢掠人口物资，消灭明军有生力量，因此腹心糜烂，摇摇欲坠。

农民军四起与清军多次入塞

十七世纪在全世界范围内发生过一次气温普遍下降，甚至急剧下降的情况，现在称之为"小冰期"。关于这一现象产生的原因有多种解释，但目前还没有定论。不管原因如何，现象却是一致的，当时的美洲、欧洲、亚洲，气温普遍下降，而且下降的幅度还很大。珠江三角洲下大雪，长江三角洲的太湖结冰厚至车马可以在其上行走。农业生产受到严重的影响，等降水量线开始南移，北方普遍发生旱灾。

从崇祯元年起，陕西连年大旱，赤地千里，并逐渐蔓延至整个黄河流域。此时关宁锦前线军情危急，加征辽饷，有些灾民为了逃避层层加派的沉重赋役，弃地而逃，成为流民，在无以为生的情况下只能铤而走险。

民变从陕西开始，尤其是陕北。天启年间，魏忠贤把持朝政时，陕西边军欠饷非常严重，到崇祯元年仍然欠下一百三十八万两。由于朝廷的财政特别紧张，崇祯二年又开始裁撤驿站的冗卒。被裁撤的驿卒、欠饷的逃兵与流民、饥民合流，反抗的势头愈演愈烈。高迎祥、李自成、张献忠等几位著名的农民领袖都是陕北人。其中李自成是被裁撤的驿卒，他要去张掖参军，又碰上甘肃镇因为欠饷闹兵变，时势所致，才有了以后的发展。

农民军因缺乏训练、装备，根本不是明军主力的对手，但是由于饥荒不断，农民军兵源不断，屡"剿"屡起。明朝面临两线作战，必须将最精锐的军队部署在关宁锦防线，以防备清军，因此无法集中力量对付民变。"围剿"农民军最有力的是关宁铁骑的军官曹文诏，他手中铁骑仅有一千余人，还有一千多步兵，加一起也就三千人左右。

崇祯二年己巳之变，曹文诏随袁崇焕入援北京，第二年被

第二章　后金的野心

调往陕西"围剿"农民军，成为三边总督洪承畴麾下的第一员大将。农民军在陕西被镇压后又转向山西活动，号称有二十万人，但仍然不是明军的对手。曹文诏阵斩农民军首领王嘉胤，荡平了山西。农民军随后逃往河南，被曹文诏与同样出身关宁军将领的左良玉合围，高迎祥、李自成、张献忠三位著名的农民军领袖都在包围圈中。崇祯六年（公元1633年），皇太极率军远征蒙古察哈尔部，借道攻入了山西北部大同一带，朝廷急调曹文诏救援，任命他为大同总兵，被围的农民军趁机突围。可曹文诏不是后金军的对手，被击败获罪。曹文诏后来又被起用，跟随洪承畴开赴关中镇压农民军，但是因为兵力太少且是孤军深入，被几万农民军合围，最后在阵中自杀。之后农民军又进入中原江淮地区，甚至一度攻下了安徽凤阳——朱元璋的老家，火烧了明朝皇陵中的祖陵。

当时负责"剿寇"的明军统帅是五省总督卢象升，他是江苏宜兴人，虽然是进士出身，但是武功高强，骑射功夫了得。他手下最得力的干将是祖大寿的堂弟祖大乐及其家仆祖宽。他们率领的三千关宁军成为主力，多次大败农民军。卢象升认为，"援剿之兵，惟祖大乐、祖宽所统辽丁为最劲，杀贼亦最多"[1]。在他看来，关宁军的战斗力是最强的，其他明军都不行。

但是，仿佛是相互串通策划好了一样，正当农民军被卢象

---

[1]《明清内阁大库史料》第一辑·明代·上册。

升包围在湖北西部的山区之时，崇祯九年五月，清军由阿济格率领第四次入塞，重点在北京周边地区，时间长达四个多月，攻克十六座城池，俘获十几万人口和大量牲畜。明军避之唯恐不及，不敢和清军野战。于是清军从容出塞，并扔下一块木牌，上书"各官免送"四字，而且"艳饰乘骑，奏乐凯归"[1]，以此羞辱明军，而明军根本就不敢追击。宣大总督梁廷栋与兵部尚书张凤翼怯战，畏罪自杀。崇祯皇帝急调卢象升为宣大总督，率军北上抗清，由兵部侍郎王家桢继任五省总督，农民军又一次趁机突围。之后高迎祥从秦岭的子午谷进攻西安，被新任陕西巡抚孙传庭俘获，押送北京处死，李自成接替高迎祥成为新一任闯王。

此时，在内外交困的形势下，崇祯皇帝终于意识到，两线作战将使明朝无法招架，遂萌生了与清廷议和的念头，于是暗中指使镇守山海关的太监高起潜派算命瞎子周元忠前往沈阳试探议和。这件事在《清实录》中有记载，在明朝史料中只有侧面记录。当时清廷让周元忠带回议和的信件给崇祯皇帝。但囿于"不与胡虏议和"为最高政治原则，又遭到朝臣尤其是自己倚重的宣大总督卢象升的激烈反对，崇祯皇帝不敢公开承认议和。尤其是在洪承畴围剿农民军成功后，崇祯想议和的念头也开始动摇，议和一事又搁置。

---

1 [明]谈迁：《国榷》卷九十五。

第二章　后金的野心

等了好几个月的皇太极觉得被骗了，决定以战迫和。崇祯十一年（公元1638年）九月，多尔衮、岳托分别率领两路大军入塞，这一次规模很大。皇太极公开宣称自己是以战迫和："征伐非朕所乐为也。朕常欲和而明不从，是以兴师耳。"

当时正在服父丧的宣大总督卢象升被夺情，身着麻衣草鞋，指挥集中在北京周边的十几万勤王援兵。但他与主持和议的实权派人物兵部尚书杨嗣昌、高起潜发生了激烈冲突，甚至当面训斥杨嗣昌，说城下之盟为《春秋》所耻，如果现在与敌人媾和，"长安口舌如锋，袁崇焕之祸其能免乎"？[1] 弄得杨嗣昌一个大红脸，责问其难道想用尚方宝剑杀他吗？两人关系彻底破裂。在此之后杨嗣昌处处给卢象升下绊子，还将精锐的关宁军分给了高起潜。卢象升名义上为总督天下援兵，实际只能率领两万宣府、大同兵马。杨嗣昌又分兵给陈新甲，调走了大同总兵王朴的军队；不仅如此，还切断了卢象升的粮饷，撤了卢象升兵部尚书的头衔，让他戴罪立功。卢象升只能率领五千老弱残兵与多尔衮率领的几万清军在河北巨鹿蒿水桥激战，高起潜率领的精锐关宁军仅在二十五公里外，收到卢象升的求援书却按兵不动。

在清朝官方编修的《明史》中，描写了卢象升壮烈殉国的一个情节：

---

1 [清]张廷玉等：《明史》卷二百六十一，《卢象升传》。

> 旦日，骑数万环之三匝。象升麾兵疾战，呼声动天，自辰迄未，炮尽矢穷。奋身斗，后骑皆进，手击杀数十人，身中四矢三刃，遂仆。掌牧杨陆凯惧众之残其尸而伏其上，背负二十四矢以死。仆顾显者殉，一军尽覆。

尽管被数万铁骑重重包围，卢象升仍带领将士奋战，呼声动天，从早上打到下午，炮打空、箭射完，最终与清军近身格斗，亲手杀了几十人，身上中了四箭、挨了三刀，倒地而亡。他的手下杨陆凯怕清军来残害卢象升的尸体，就伏在其尸体上面，身中二十四箭而亡。当时清军并不知道卢象升是明军统帅，只知道这个人武功太强，杀了几十个清军，恨透了他，拼命向其尸体上射箭。

高起潜听说卢象升兵败，赶紧仓皇逃跑。那个处处给卢象升下套的兵部尚书杨嗣昌怀疑卢象升是逃跑了，还下令验尸。结果卢象升的监军杨廷麟找到其遗体，还穿着麻衣白网巾，一个士兵看见后号哭道："这就是我们的卢公啊！"场面极其悲壮。

卢象升是明末殉国的统帅、大将中最壮烈的一个。卢象升为什么明知要死还要冲上战场？当时他手下总兵虎大威阻拦他，说五千人怎么能打得过数万清军？卢象升说，现在不死在战场，也会被皇帝处死在西市，与其冤死，不如战死沙场。以崇祯皇帝的性格，兵败后肯定要找替罪羊，袁崇焕不就是个先例吗？实际情况是，卢象升死后八十天才入殓，崇祯皇帝也一直不给其家人抚恤。直到杨嗣昌死后，在廷臣多方请求下，崇

第二章　后金的野心

祯皇帝才承认卢象升是战死的，赐给名分和抚恤。发生卢象升悲剧的责任在于崇祯皇帝和战不定，"五心不定，输个干净"，一会儿要和，一会儿要战，究竟是和是战，必须给卢象升交个底，不能骗他。另外还有杨嗣昌心胸狭隘，刻意报复，而卢象升的性格又太过刚直激烈，把杨嗣昌比作被凌迟处死的袁崇焕，让杨嗣昌对他恨之入骨。

此次清军入塞长达半年之久，明朝损失空前惨烈。清军攻下河北高阳时，退休在家的大学士孙承宗率家人抵抗，满门殉国。清军一路南下攻到山东，取得五十七场战斗的胜利，攻克山东济南府及三个州五十五个县，破了两个关，斩了两个总督，生擒德王及一个郡王，俘获人畜共计四十六万余，济南城中积尸十三万余。崇祯皇帝追究此次惨败的责任，一天杀了三十六名大臣，其中有两个守备太监、三个巡抚、五个总兵[1]，却不处理实际执掌大权的杨嗣昌。这样的处罚如何能服众？如何让臣下忠心？

明朝在急剧失血，皇太极采取的就是不断放血的战术，而不是正面硬攻守卫严密的防线。就像狮子围猎角马、长颈鹿等大型动物一样，其战术并非正面硬刚；因为猛兽一旦在捕猎中受伤，很可能就会死亡，所以猛兽是极有耐心的，它会不断地寻找机会，不断地上前撕咬，放猎物的血。在长时间的对峙中，猎物就会因失血过多，筋疲力尽，最终命丧狮口。这就是

---

[1]〔清〕张廷玉等：《明史》卷二十五，《庄烈皇帝本纪》。

清军为何多次绕过关宁锦防线，攻到附近而不进攻北京城的原因——城墙太高，上面又有西洋大炮，清兵的数量非常少，一旦受到损伤就很难弥补，所以他们总是寻找防守薄弱的城市，迅速拿下，保存有生力量。

崇祯皇帝急调在陕西围剿农民军而大获全胜的洪承畴、孙传庭率领陕西军奔赴北京勤王，又给了蛰伏山中的李自成、假投降的张献忠东山再起的机会，中原腹地不可收拾。明朝两线作战的后果是极其严重的，农民军三次被合围，又三次脱险，都是清军入塞"救"了他们，崇祯皇帝不得不将精锐的明军几次调往北京和关外，从而给了农民军做大的时机。

赌国运：松锦决战

如果要问哪一场战役决定了明朝的最终命运，那么一定是松锦之战。在这场战役中，明朝最后一支精锐重兵集团全军覆灭，至此明朝的命运已经无可挽回，最终在辽西走廊流干了血。与萨尔浒之战明军兵分四路不同，此次十三万明军集中于一路，仍然不免覆灭，原因究竟何在？

崇祯十四年（公元1641年）三月，清军包围祖大寿守卫的锦州城，采用的战术和十年前的大凌河之战一样，用多道壕沟封锁包围城池。崇祯皇帝命令新任蓟辽总督洪承畴统领八个总

第二章 后金的野心

兵，集结九边精锐十三万人、四万马匹于宁远，驰援锦州。这是明清战争以来规模空前绝后的大会战，将决定明朝的命运。

五月，明朝援军前锋开始北上，与清军在锦州以南发生了一系列战斗，互有胜负，明军甚至一度占有优势。清军前线统帅郑亲王济尔哈朗被撤换，由睿亲王多尔衮接替。洪承畴原计划持重作战，慢慢拖垮清军，但是十三万人集中在前线，粮饷需求是个大问题，兵部尚书陈新甲亦不断催战（这与萨尔浒之战惊人地相似）。洪承畴只得于七月二十六日率主力从宁远北上，十三万大军以锦州以南的松山城为依托，扎营在城东、北、西三面。明军的进攻一度非常顺利，距离锦州城只有几里路。锦州城内的祖大寿也试图突围，打破了清军两重包围圈，但剩下最后一重没有打破，功亏一篑。

当时朝鲜人也在松锦前线，据朝鲜史料记载："清人围锦州，数与汉兵交战，而汉兵尚强，九王请济师于汗，汗使八王率骑赴之。清人疑我国炮手战不力，露刃胁之。是役也，汉兵死亡甚多，而中炮者十居七八，汉人自此恨我国益深。"[1]九王就是多尔衮，八王是他的哥哥阿济格。由此可见明清战争并不是我们想象的那样使用的全是冷兵器，火器在其中已经起了很大的作用。在这次战役中，阵亡的明军十个有七八个死于火炮，而且明朝原来最忠诚的藩属国朝鲜已经变成清朝的帮凶。

1《朝鲜王朝实录·仁祖实录》卷四十二。

从春天到夏天，明清两军相持交战。据朝鲜人记录，清国大将有三人投降明军，两人战死。皇太极为此忧愤呕血，在全国征发人丁奔赴锦州，多尔衮率兵在明军的东边多次冲锋，但是不力而退，兵马死伤也很多。皇太极此时身体不好，流鼻血不止，但仍决定亲率援军奔赴战场，驰行六天，从沈阳赶到松山战场，朝鲜国王世子及其弟也同行，因此留下了珍贵的第三方记录。

皇太极到达战场以后，命令清军在松山与杏山之间扎营，由山到海截断辽西走廊，意欲合围明军，使之无法退回山海关。清军遥见御前仪仗及前队旗纛移营，士气大振，皆欢呼雀跃。

八月二十日黎明，明军向清军进攻，被击退。清军虽然追击明军至塔山而还，但占领了位于笔架山的明军粮食基地，夺得了大批粮草，并且开始掘壕，切断了松山与杏山之间的道路。二十一日早晨两军交战，伤亡相当，明军突围未成，撤回松山城，只有骑兵数千突围奔向杏山。因为他们只带了三天的军粮，粮道又被切断，明军军心开始动摇。洪承畴想决一死战，但陈新甲派来的监军张若麒以及诸将不愿意，想撤回宁远，于是洪承畴定下了夜间一起突围的计划。没想到的是，天刚黑，大同总兵王朴率先逃跑，从而导致全军崩溃。皇太极早就预料到明军当晚要逃跑，因此在明军逃跑路线上设置了重重埋伏。据朝鲜人记载，"明兵窜走，弥山遍野，自杏山以南，沿海至塔山一路，赴海死者，不可胜计"，"各帅争驰，马步自相蹂践"，

第二章　后金的野心

"且战且闯，各兵散乱，黑夜难认"。[1]

在明军的这场大崩溃中，唯一的亮点是总兵曹变蛟，他是曹文诏的侄子，洪承畴带来的陕西军嫡系。八月二十二日，皇太极率大军包围了洪承畴与曹变蛟据守的松山城。当天晚上，曹变蛟率领驻扎乳峰山的明军多次试图突围，都被清军击败，但有一半的明军居然直接闯进了皇太极的御营。我认为应该是曹变蛟看到了皇太极的龙旗，亲自率军打到了御营。此举出乎清军预料，守营大臣和侍卫都没来得及聚齐，所幸有图尔格和他的弟弟伊尔登、宗室锡翰督率清军射箭，曹变蛟中箭败走。

明军的悲剧还在继续。王朴、吴三桂（时任宁远总兵）逃至杏山城，随后又奔向宁远。清军层层设伏，前后夹击，王朴、吴三桂仅以身免。据清军统计，共斩杀明军五万三千七百八十三人，俘获马匹七千四百四十四匹、骆驼六十六峰，甲胄九千三百四十六副，"海中浮尸漂荡"。清军还告诉朝鲜人，明军步骑数万退到海边，涨潮后积尸甚多。清军还连续三天进行搜杀，场面极其残酷。明军视死如归，很少有人投降，在海水中的士兵把将领围在中间，张开手臂掩护，一直到士兵被射中沉没。

实际上有三万多明军最终杀出重围到达宁远，还有两万明军被围困在松山，包括统帅洪承畴、总兵曹变蛟。多尔衮想要造云梯攻城，但皇太极认为不如持久围困，因为他不愿意清军

---

[1]《清太宗文皇帝实录》卷五十七。

受到重大的损失。战事持续，来到崇祯十五年（公元1642年）二月，因副将夏承德出卖，松山城破，洪承畴与祖大乐被押送沈阳，其余人皆被处死。松山城破以后，被包围了一年多的锦州城已无粮食，又出现人吃人的惨状，就同十年前的大凌河之战一样，无奈之下祖大寿再一次投降了清朝。清军相继攻克了杏山、塔山，至此松锦大战结束。

松锦大战为后人留下的史料是非常丰富的，明、清及朝鲜三方的记录惊人地一致，与康熙四年（公元1665年）一位据称参加过此次大战的明军老兵唐奉山的自述也基本吻合。[1]明军开局好像很顺利，然后突然崩溃，主力在突围奔跑中被歼灭于辽西走廊的海滨。很多人认为崇祯皇帝、兵部尚书陈新甲要负主要责任，因为他们不断地催促洪承畴向锦州进军，导致十几万大军冒进而被合围。但我认为真正应负主要责任的是主帅洪承畴，他所谓的"丰富的军事经验"来自围剿战斗力低下的农民军，面对清军强悍的战斗力以及高机动、大合围的战术缺乏基本的认识与对策。他率领十几万大军，竟然被清军合围，而又不能统率全军有组织、有秩序地突围，致使突围变成了大崩溃。这些显然与崇祯皇帝和陈新甲无关，即使洪承畴真的缓慢、谨慎地进军，明军又如何能逃脱被歼灭的下场呢？

朝鲜人对松锦大战的看法也非常特别。顺治十四年（公元

---

[1] 参见《辽海志略》。

第二章 后金的野心

1657年），松锦大战已经结束十几年了，朝鲜大臣金长生对其国王讲，他听说明朝的遗老遗少看到朝鲜人就会痛哭流涕，因为他们认为明朝之所以灭亡是因为锦州沦陷，而锦州沦陷又是因为朝鲜炮兵太厉害，"臣每念至此，心胆堕地"[1]。也就是说，朝鲜炮手导致明朝灭亡，金长生的感情又完全站在明朝这边，因此对明朝的失败非常痛心。

综上所述，是皇太极不断放血的战略，最终让清军在松锦大战中大获全胜。明朝的血已经被放干了，谈迁曾说过一句话："九塞之精锐，中国之粮刍，尽付一掷，竟莫能续御，而庙社以墟矣！"[2]明朝集中了九边的精锐和所有的粮草，全部扔在了宁远和锦州这一线，竟然还是失败了，所以国家要完了。事实上，从明万历四十六年明与后金之战开始，到崇祯十五年松锦大战结束，经过了二十四年，近乎一代人的时间，明军在战场上没有任何起色，战术始终陈旧重复，连失败的模式都是一模一样的。

为什么欧洲武器挽救不了明朝？

在松锦大战中，一支由孔有德率领的清军炮兵部队战功累

---

1 《朝鲜王朝实录·孝宗实录》卷十九。
2 [明] 谈迁：《国榷》卷九十七。

累，他们攻下了明军众多的堡垒。而这支炮兵部队是明朝军队花重金从澳门引进武器并聘请葡萄牙人训练出来的，这又是怎么回事呢？

宁远之战中，袁崇焕用城头的欧洲大炮遏制了后金军进攻的狂潮。当时欧洲的火器技术已经远远超过了明朝自己装备的火器，因此利用欧洲先进的火器技术和人员装备训练明军，甚至直接引进欧洲军队，就成了明朝为数不多的选择之一。但事情的发展竟然适得其反，令人始料未及。明朝就像一个赌徒，不断地将人力、物力、财力砸在辽西走廊，越渴望翻盘，输得越惨；投入的赌注越大，输得越惨。明朝的"赌博技术"从未改变，更未提高，也从来没有认真反思：这样做是否有问题，是不是仅仅靠砸人力、物力、财力就能取胜？是否要及时改变，及时止损？

同时期的欧洲，三十年战争[1]正激烈进行，以先进的火绳枪、火炮、长矛混编的步兵方阵，已经能有效遏制和击败板甲重骑兵。而明军仍然配备极为落后的火器，运用一成不变的落后战术，一波一波地投入战场，成为清军火炮与骑兵的牺牲品。话又说回来，毕竟十七世纪的明朝已经被卷入了全球化，近在咫尺的澳门成为明朝引进欧洲先进武器技术以及

---

[1] 时间为1618年至1648年，是由神圣罗马帝国的内战演变而成的一次大规模的欧洲国家混战，是历史上第一次全欧洲大战。

第二章 后金的野心

人员的窗口,而且明朝也确实引进过一支规模极小的葡萄牙炮兵部队。

早在天启元年(公元1621年),徐光启、李之藻就提议引进西洋火炮,招揽澳门的葡萄牙人,用以备战。当时澳门已经被葡萄牙人统治,但名义上仍然属于大明广东香山县管辖。之后,李之藻、杨廷筠等合议捐钱,派张焘、孙学诗等前往澳门募兵购炮,于五月和十二月将四门西洋大炮送到北京。天启三年(公元1623年)四月,广东引进英国东印度公司独角兽号(Unicorn)沉船上的火炮二十六门,这些就是之后放在宁远城头的大炮。同时还招募了葡萄牙二十四名炮兵进京教授明军使用大炮的技术,但遭到朝廷保守官员的反对,以水土不服为由将其遣返。

崇祯元年,崇祯皇帝得知澳门从荷兰船上缴获了十门火炮,就下令去购买,然后又招募了二十名炮兵。葡萄牙文献中记录了崇祯皇帝的圣旨,说澳门是皇帝的领地,在这种危急的关头,希望澳门来效力以谢皇恩。澳门当局批准了这一要求,澳门议事会于九月选派代表前往广东与总督协商澳门兵与澳门炮的进京事宜,双方也就报酬一事达成了协议。以葡萄牙人公沙为首,一行三十二人,携大铜铳三门、大铁铳七门、鹰嘴铳三十支,于崇祯三年(公元1630年)正月初三,经过十五个月的跋涉,终于抵达了北京。

当时己巳之变刚刚结束,后金军已经俘获了明军的大量火器。明朝以后该怎么对付后金呢？徐光启认为，"惟尽用西术，乃能胜之"[1]。他建议成立十五支精锐火器营，每营配置双轮车一百二十辆、炮车一百二十辆、粮车六十辆，共三百辆；西洋大炮十六门、中炮八十门；鹰铳一百支、鸟铳一千二百支，以及战士两千人、队兵两千人，全部由葡萄牙人来训练。明军火器落后不能克制后金骑兵，冷兵器作战更加不是后金对手，而训练一个冷兵器战士比训练一个热兵器战士要困难得多。如果从十八岁左右开始训练一个人射箭和刀枪，基本上训练不出一个精锐战士，而女真人是从小开始用弓箭、刀枪打猎，二者差别太大，所以徐光启认为必须引进先进的欧洲火器与训练方法。

崇祯元年，徐光启的门生，同时也是数学家和火器专家的孙元化，被授予宁前兵备道，先跟随督师袁崇焕，后又跟随孙承宗抵达了山海关，在山海关城头设置了红衣大炮五十余门、灭虏炮两千余具。孙元化之后又被破格提拔为登莱巡抚，辖地是胶州半岛以及辽东半岛，所率部队在登莱地区有八千人，在东江各岛有三万余人。己巳之变后，后金军主力撤回关外，但留下了一支由阿敏率领的军队守备包括滦州在内的关内四城。崇祯三年五月，明军在收复滦州的战役中大获全胜，西洋大炮在攻城中扮演了重要角色。孙元化称，"攻滦首功为黄龙营，

---

[1]［明］徐光启：《徐光启集》卷六，《西洋神器既见其益宜尽其用疏》。

第二章　后金的野心

龙营得力在西洋炮"[1]。不久，孙元化所部借助西洋大炮又收复了遵化、永平、迁安三城。孙元化调集军队守卫皮岛，其中即包括公沙等数名从澳门来的炮手。崇祯四年六月，赞画[2]副总兵张焘督率包括公沙在内的部队，以西洋大炮在东江一带击败后金军。明末来到中国的葡萄牙耶稣会传教士何大化记载皮岛之役说，中国军队"与骁勇善战的葡人团结一致，不仅成功抵御了鞑靼人的进攻，且在战场上奋勇作战，大获全胜，所有人都将这一胜利首先归功于葡国统领及其铳师。胜利的消息传到朝廷，朝廷上下一片欢腾，皇帝尤其赞扬了葡国士兵；他看到仅七八名葡兵便成功抵御了敌人，且鼓舞了中国军队，增加了其必胜的信念，故重奖他们"[3]。以上记录文字可能有点儿夸大，但是葡萄牙大炮的威力的确是不容置疑的。

　　崇祯三年四月初七，徐光启上疏要求扩大引进葡萄牙兵的规模，甚至极为乐观地预计，不出两年就可以恢复全辽。袁崇焕的五年复辽已经是吹牛了，徐光启说两年复辽更是个大话，但是这可能是当时明朝文臣的一个普遍的夸大说法：首先描绘出一个大的愿景，让皇帝点头，然后再去做事。兵部尚书梁廷栋也支持徐光启的建议。徐光启在给澳门耶稣会士首领班安德的信中高度赞

---

1 [清]汪楫：《崇祯长编》卷三十四。
2 明代在督、抚幕中有赞画一种官名，取赞襄谋划之意，文职，具体职责和品级无定制。
3 António de Gourea, *Asia Extrema*, segunda parte.

扬了葡萄牙士兵的作用，而且非常乐观地说对天主充满信心，随着葡萄牙士兵的到来，战争会很快结束。徐光启是一名基督教徒，所以他对西方技术有着天然的亲近感，而且认为一旦葡萄牙士兵在中国发挥了重要的作用，将有利于基督教在中国的传播，这也是他的一个初衷，我们不能忽视这一点。

最后澳门决定向北京再输送一百六十名葡萄牙士兵、二百名澳门本地士兵以及一百名非洲士兵和印度士兵，明朝皇帝为此要向他们支付五万三千两银子。读者诸君还记得辽饷是多少吗？辽饷的正额是五百二十万两，再加上其他的物资，每年明朝在辽东前线要花费上千万两的银子。由此观之，花费五万三千两白银，配备将近四百名葡萄牙士兵以及火炮，其实很便宜了。

崇祯三年十月二十一日，上述士兵在澳门举行阅兵仪式，然后坐上明朝提供的十九艘船，正式出发。何大化在澳门亲眼看到了葡萄牙士兵出发的情景，直言其英姿飒爽，展现出了英勇风貌，所以明军都信心百倍，认为可以击败后金军。这批士兵一路向北到达韶关，然后翻越梅岭进入江西。当时正好有一个葡萄牙籍的耶稣会士曾德昭在南昌传教，他看到了这些人，记述称大约四百人被统一编队，其中有二百名士兵；编队里有葡萄牙人，一些在葡萄牙出生，一些在澳门出生，更多的还是中国人，他们是优秀的士兵和炮手。每名士兵还配备了一个年轻的仆人，这些仆人都是用明朝皇帝的钱购买的，军饷也非常充裕，有良好的武器装备和军服。[1]

但是，引进这些葡萄牙士兵遭到了广东籍官员以及反基督教士大夫的激烈反对；他们认为，如果葡萄牙士兵在作战中发挥了重要的作用，就会严重影响自己的切身利益。真实的原因在于，通过澳门——当时中国唯一的海上贸易口岸，广东人可以垄断整个贸易，地方官员可以获得大量好处。而如果明军倚仗葡萄牙人在作战中获得了胜利，葡萄牙人就会要求明朝皇帝开放沿海甚至内地的贸易特权，广东就会失去特殊地位。而士大夫们信仰儒学，反对基督教在中国的传播。总之，既有利益方面的原因，也有意识形态方面的原因。

反对最激烈的是当时的礼科给事中卢兆龙，他是广东香山县（今广东省中山市）人，性格非常刚直，不畏权贵，崇祯皇帝对他非常信任。他反对的理由有几点：首先，引进这么多葡萄牙人到京城，一旦这些人心怀异志，会很危险；其次，堂堂天朝本来就精通火器，以前戚继光就用火器，现在居然打不过后金人，还要招西洋人来帮助打仗，这不是笑话天朝无人吗？而且福建和广东本来就能造红衣大炮，熟悉装填点放之法，根本不需要西洋人；最后，徐光启之所以执意要求引进这些葡萄牙士兵，其主要目的是想传教。

徐光启反驳他说，荷兰人与葡萄牙人根本不同，前者要攻

---

[1] 参见曾德昭：《大中国志》。

打澳门窥视中国，而后者则欲使中国强大以对抗荷兰人，而且只需要再招三百名葡萄牙士兵就够了，两年之内就可以解决辽东问题。徐光启的奏疏叫《闻言内省疏》，原文已经丢失，但是有葡萄牙文的译本。他的主张是，引进三百名葡萄牙人和一千二百支火枪，让葡萄牙人充当教官，训练两三万明军士兵，这是万全而唯一的策略；等战胜敌人一两次之后，明军的士气就会重新得以振作。但是卢兆龙反过来弹劾徐光启"蓄谋不轨"，担心若以葡萄牙人为前驱，恐其"观衅生心，反戈相向"。

崇祯四年二月，明朝招募的葡萄牙士兵已经抵达南昌，但由于己巳之变已经结束，而且卢兆龙等人激烈反对，崇祯皇帝将其遣返，白花了五万多两白银，最后不了了之。

崇祯四年九月，大凌河之战正在激烈进行，孙元化命令游击将军孔有德率领辽兵赴援大凌河。这支队伍在经过吴桥县时，突然发动兵变，史称"吴桥兵变"。事情的起因是军队给养不足，士兵难忍饥饿之下有人偷鸡，而对偷鸡士兵的严惩激起了其他士兵的极度不满，最终酿成兵变，随后他们一路杀回登州，俘获了巡抚孙元化。在战斗中还有包括公沙在内的十二名葡萄牙士兵阵亡。他们俘获了七千名士兵、十万两饷银，以及部署在登州城的三百余门火炮。一开始他们想拥立自杀未成的孙元化为王，但孙元化以这样是不忠于天主、不忠于皇上为由拒绝。崇祯六年四月，参与"吴桥兵变"的一万二千余人乘船百艘登陆鸭绿江口镇江堡（今辽宁省丹东市），投降了后金。

第二章　后金的野心

孙元化之后自愿入境，却被崇祯皇帝处死，他的老师徐光启以全家百口性命相保也未能成功。被处死之前，在北京的德国传教士汤若望化装成送炭工人入狱探望了他。孙元化被处决的次年，徐光启去世，明朝引进欧洲先进军事技术人员的努力至此告一段落，等到下一次再向澳门的葡萄牙人求援，已经是南明永历年间了。

孔有德的投降引起皇太极的高度重视，因为孔有德部是当时整个东亚最先进的火炮部队。孔有德和耿仲明去拜见皇太极的时候，皇太极率诸贝勒出沈阳城门十里，到浑河岸边亲自迎接。孔有德后被封为恭顺王，地位在皇太极的兄弟和子侄之上。

明朝对这支葡萄牙人训练的炮兵部队连基本的给养都不能保证，致其兵变；孔有德在明朝不过是一员普通的参将，后金却以最隆重的礼节和待遇接待了这支部队。之后皇太极称帝，还封孔有德、耿仲明为王，这在明朝是绝无可能的事情。这件事情足以证明，明清双方对西洋炮兵的认识和重视程度天差地别。

以前明军单纯只是冷兵器不及后金军，孔有德的炮兵部队投降后，连热兵器也不及后金军，战局已经不可逆转。孔有德的炮兵部队与八旗的骑兵结合，在之后的战争中发挥了重要的作用，攻城拔寨、无坚不摧，明军的险关要隘再也不能阻挡清军南下了。

议和困局

明朝在战场上的接连失败，尤其是松锦大战的失败，使其丧失了在战场取胜的任何可能。战不能胜，明朝只得被迫议和。其实，和与战都是手段，不同情况下可以择机而行。

松锦大战中明朝最后一支精锐之师覆灭，筹码尽失的崇祯皇帝终于下决心与清朝议和。崇祯十五年五月初一，松锦大战还没有彻底结束，正在围攻杏山、塔山的郑亲王济尔哈朗、睿郡王多尔衮等人接到情报，明朝派遣了兵部职方司员外郎马绍愉等八人，还有和尚一人、从役九十九人到宁远，准备见皇太极以求和好。皇太极让他们到沈阳，马绍愉带来了崇祯皇帝的一道敕谕：

> 谕兵部尚书陈新甲，据卿部奏，辽沈有休兵息民之意，中朝未轻信者，亦因以前督抚各官未曾从实奏明。今卿部累次代陈，力保其出于真心。我国家开诚怀远，似亦不难听从，以仰体上天好生之仁，以复还我祖宗恩义联络之旧。今特谕卿便宜行事，差官宣布，取有的确信音回奏。[1]

---

[1]《清太宗文皇帝实录》卷五十九。

第二章 后金的野心

这道敕谕非常奇怪,不是给皇太极的国书,而是给明朝兵部尚书陈新甲的。意思是说,兵部不断地汇报说"辽沈"有和自己谈和之意(它不称清朝的国名,因为明朝自始至终不承认清朝的合法地位),他以前不相信,是因为督抚们没有如实奏明,现在陈新甲反复地保证他们真心想要议和,大明就不和蛮夷小国计较了。现在赋予陈新甲便宜行事之权,到沈阳去看看他们是不是真心求和。

敕谕中的语气非常高傲自大,不仅没有承认清朝的对等地位,还称是清朝主动求和,皇太极看到以后很生气。另外,敕谕中也未明确议和的条件与目标,言辞暧昧不明。清朝学者全祖望对崇祯皇帝的这一行为有一针见血的评论:"百战百败之后,而负气若此,不量力若此,是则自求灭亡之道也。"[1]意即被人打得鼻青脸肿,嘴还特别硬,真是自取灭亡。

皇太极当然一眼识破崇祯的心态,对其傲慢言辞非常愤怒,认为其非常顽固,以天子自诩,藐视他们,口出狂言,根本不是真心实意地讲和。皇太极还强调,明清战争的责任在于明朝,因为要报努尔哈赤的祖父和父亲被杀的大仇,清朝是不得已才起兵的。不过即使如此,皇太极居然出人意料地明确提出了清方的议和条件,以后两国有吉凶大事,要遣使交相庆吊,每年明朝给清朝黄金万两、白银百万两,清朝则回馈明朝

---

1 [清]全祖望:《鲒埼亭集》卷二十九,《明庄烈帝记》。

人参千斤、貂皮千张，双方逃至对方的人员需要遣还，另外还要划定双方国界，以宁远和双树堡中间土岭为明国界，以塔山为清国界，以连山为适中之地进行边贸，两国不直接接壤。以前明清的分界线在辽河东边。同时皇太极明确威胁崇祯皇帝，如果此次不谈好，就不要再联络了，以后再有生灵涂炭，罪过在明朝而不在大清。当时朝鲜国王对明清议和也非常关注，就问使者情况到底如何，是不是真的要讲和。使者回答说他也没有确实的信息，因为和谈是秘密进行的。不过祖大寿已经投降，十几万明朝援兵也被歼灭，关内又有农民军起义，朝廷内太监秉权，请和之说虽然不能确定，但明朝的气运已经衰竭，无可挽救。

其实早在皇太极即位时，就想与明朝议和。前文讲过，袁崇焕曾经派遣使者去沈阳为努尔哈赤吊丧。当时皇太极答应可以去掉自己的皇帝称号，并且接受明朝颁发的汗印，这有点儿类似当年蒙古俺答汗议和的成例。但这次议和为什么无法进行下去呢？因为袁崇焕坚持要求后金归还已经占领的辽东领土以及俘获的明朝百姓。皇太极对此坚决反对。皇太极随后发动己巳之变，打到了北京城下，前后七次派人进北京城送书信给崇祯皇帝，要求议和，但是均被拒绝。袁崇焕被凌迟处死的一大罪状就是擅自议和。其实他并不是擅自议和，此事他向崇祯皇帝以及天启皇帝都奏请过。皇太极在围北京时，派人去房山金朝皇陵祭祀他非常尊崇的金太祖、金世宗陵墓。祭文中写道，他多次遣使希望与明朝议和，

第二章 后金的野心

但是崇祯皇帝竟然欺凌、瞧不起自己，索要自己占领的土地，还叫自己去掉国号和帝号；别的条件都可以答应，但是土地是上天赐予，不可以退还；自己是真心实意地想要议和，但是明朝却妄自尊大。

根据皇太极长达十几年，一而再，再而三地向明朝求和的行为，后人不能臆断他是为了欺骗明朝。没有哪个骗子会重复多次，用同一个手段，试图去骗同一个人。而且皇太极想通过和谈从明朝骗到什么呢？钱财、人口、土地，这些通过战争就可以得到，几次入塞已经斩获颇丰了。所有的行为只能证明皇太极至少在当时是真心想议和的。他当时一心只想巩固自己取得的成果，占有明朝辽东地区的土地与人口，获得明朝每年的馈赠钱财，开展边贸，并没有明确的入关取代明朝的想法。

也许有人会问，为什么当时皇太极没有明确的取代明朝、夺得天下的想法呢？皇太极非常尊崇号称"小尧舜"的女真皇帝金世宗，他曾经当众训诫诸王公大臣说，自己特别崇拜金世宗，当年金太祖、金太宗的时候，法度非常好，没想到金熙宗和完颜亮把这些祖宗法度全部废除了。金世宗即位以后开始恢复祖制，服饰、语言悉遵旧制，命令女真人时时练习骑射，以备武功，要保持自己质朴勇武的品质，但是后世没有遵从其教诲，导致金朝衰败，最后被蒙古所灭。现在有些大臣要求改满洲衣冠，仿效汉人服饰制度，皇太极不同意，很多人以为是他不纳谏，其实不是，因为汉人的宽衣大袖不适合骑射，而女真最擅长骑射，野战必胜，攻城必克，所以女真的骑兵威名震慑天下，莫与争锋。[1]

上述这些是皇太极的忧虑，即满洲入关占据中原以后很容易重蹈金朝的覆辙；离开了白山黑水的大森林，面对中原的安逸生活，他们会逐渐和以前的女真人一样，失去剽悍勇武之气，最终不免像金朝一样亡国灭族。因此，皇太极与明朝谈和，并不是因为他向往和平，而是因为满族人数太少，一旦入主中原，生活在亿万汉人的汪洋大海中，汉化几乎是不可避免的。

只有几十万人口的小部族，要统治亿万明朝臣民，皇太极当时还没有这个太过大胆的想法。而且之前蒙古人统治中原不过一百年就被赶回草原，一路沉沦的命运就在眼前，因此皇太极才不顾臣下，尤其是松锦之战后汉人大臣的强烈反对，一次次想和明朝议和。

松锦大战后，明朝最后一支九边精锐丧失殆尽，被迫走到谈判桌前。虽然这次清朝提的条件远比以前苛刻，但还是以已经占领的地盘为界，并没有索要更多的土地。当然任何政治家的野心和目标都不可能是一成不变的，都会随着形势的变化而有所调整。即使当时明清和议谈成，到底能维持多久也是个未知数，但至少明朝能获得一个短暂的喘息时间，可以腾出手来对付关内已成燎原之势的农民起义。西汉初期汉廷与匈奴的和亲获得了宝贵的七十年和平，才有汉武帝时期卫青、霍去病的

---

[1] 参见《清太宗文皇帝实录》。

第二章 后金的野心

北伐匈奴。明朝长时间面临两线作战，几乎使国力耗尽。此时与清和谈，从而避免双线作战不失为一个自救的方法。但还是那句话，历史不能重演，坚决主和是否就能挽救明朝，也是个未知数，但总好过在和与战之间游移不定，既丧失了谈和的机会，也蒙受了巨大损失，离灭亡越来越近。退一步讲，一定要对清作战也没有问题，那就得将精锐部队由坚决主战、总督天下勤王兵马的卢象升统一指挥。可惜的是，崇祯皇帝表面上对卢象升许诺坚决主战，背后又不让他指挥关宁军精锐。此时，崇祯心中还留有一丝谈和的侥幸心理，他不愿意丧失明朝最重要，甚至是最后的筹码，这最终害死了卢象升。

但此次议和因为一件非常戏剧化的事件又一次失败了。马绍愉将谈判情况密报给兵部尚书陈新甲，陈新甲看完后将报告放在书桌上，他的家童误以为是公开的塘报，就把它发送给各个衙门传抄了，于是言路哗然，众起弹劾陈新甲擅自议和。清朝大臣江云深就曾对皇太极说过，明朝君臣深鉴宋室之覆辙，"文臣以口舌纸笔支吾了事，不肯担当以砧清议，武官只垂手听人指挥，不敢专决"[1]。这句话点破了明朝体制的症结——清谈的人掌握决策权，实干的人却没有决策权。而且明朝的体制及意识形态过分刚性，以宋朝为反例，绝对不能触及议和，即使是皇帝也不敢公开碰这个话题。议和变成了一条高压线，触及者

---

[1]《天聪朝臣工奏议》卷上，《江云深议决和成否奏》。

死。但宋朝起码还能和辽、金野战，甚至还取胜不少，以战迫和；明朝此时在战场上已经完全不是清朝的对手，却仍然端着架子，死要面子，直至求和的希望完全破灭。

陈新甲不愿意承认是自己擅自议和，表示议和是崇祯皇帝的指示，并有崇祯的敕谕。崇祯皇帝此时又一次甩锅，不仅不愿意承认是自己授意、指使议和，还要求陈新甲自我坦白擅自议和的罪行。眼看自己要成为背锅侠，成为袁崇焕第二，陈新甲多次上书，咬住皇帝，崇祯皇帝大怒，以对清军作战失败为缘由将陈新甲斩首于西市。

至此，明朝与清朝谈和的路全部被堵死，皇太极决定发动第六次入塞作战。几乎丧失了全部精锐的明朝将如何应对风雨飘摇的局势呢？

第三章 入主中原

继承权危机:"两白旗"与"两黄旗"的权力争夺

虽然皇太极在十几年间曾多次想与明朝议和,但随着形势的变化,特别是松锦大战之后,皇太极的心理发生了变化。他动了入关取代明朝的念头,一个具体的表现就是他亲自出面劝降洪承畴。

洪承畴率领十三万大军参加松锦会战,兵败后被俘。皇太极首先派范文程去劝降,洪承畴破口大骂,但是范文程并不生气,继续从容地与他谈古论今。突然从房梁上落下点儿尘土,落在洪承畴的衣服上,他下意识地将其掸去。见到此景,范文程随即起身告别,并禀报皇太极:"承畴必不死,惜其衣,况其身乎?"[1]在生死存亡之时,洪承畴还特别爱惜衣服,更何况是身家性命,所以范文程料定洪承畴没有殉国的决心。

于是皇太极心里有底了,就亲自去看望洪承畴,解下身上穿的貂裘,披在洪承畴的身上,说了一句:"先生得无寒乎?"就是说:先生,你不冷吗?洪承畴瞠目结舌,看着皇太极,内

---

[1]《清史稿》卷二百三十七,列传二十四。

第三章　入主中原

心一番挣扎之后，感叹说："真命世之主也！"于是叩头请降。[1]

洪承畴投降后，皇太极非常高兴，重赏洪承畴，又是请客吃饭，又是摆戏台请他看戏。皇太极手底下的人就有点儿不开心了，问其为什么这样对待洪承畴，他们跟着皇太极打来打去几十年了，也没看到皇太极对他们这样好。

皇太极问手下将领，他们栉风沐雨苦战数十年，是图什么。诸将说，占领中原。皇太极笑道："这就好比走路，你我都是盲人，今天得到一个向导，你们说我能不重视吗？我们满族人想统治中原，尤其是长江以南的地方，完全不熟悉地形地貌，也不熟悉气候条件，所以需要洪承畴当'向导'。"

有一次，皇太极召见洪承畴和祖大寿等明朝降将，洪承畴跪在大清门外请罪。皇太极说，以前各为其主，他不介意。他不仅让洪承畴上殿，还赐座赐茶。

皇太极对洪承畴说，明朝皇帝的宗室被俘，朝臣都置若罔闻，没事人一样；而将帅力战被俘，或被迫投降，却要诛杀其妻儿老小，这是旧制度还是新制度？

洪承畴说，以前明朝没有这个制度，是崇祯皇帝接受了大臣们的建议才这样规定的。皇太极感叹说，皇帝昏聩、奸臣当道，枉杀了这么多忠臣良将，前方将士奋死拼杀，后方却要杀他们的妻儿老小，太不像话了！洪承畴被感动得痛哭流涕，称

---

[1]《清史稿》卷二百三十七，列传二十四。

皇太极真是"至仁之言也"。你看皇太极多么会收买人心！相比而言，崇祯皇帝又是多么的刻薄寡恩。

皇太极对祖大寿更是展示了惊人的宽容。在大凌河一战中，祖大寿被迫投降，对皇太极说要回锦州献城，结果却一去不返。难道皇太极真不怀疑他吗？不可能的，但是留得住人留不住心，皇太极之所以这样做，是想要让祖大寿心悦诚服地归降。十年后锦州再次被皇太极围困，明朝十三万援军被歼灭，城中再一次出现人吃人的惨状，皇太极一次次写信劝降祖大寿，说当年在大凌河，祖大寿忽悠他回锦州献城，结果一去不返，自己的部下为此嘲笑他；如果祖大寿今天再次投降，就是履行了诺言，自己也好自我解嘲，向部下交差，祖大寿也好向当年在大凌河被抛弃不顾的子侄、部下们有所交代。祖大寿再次投降。

皇太极在沈阳召见祖大寿时，祖大寿口称死罪。而皇太极却说："你当初背弃我，是因为你的主子崇祯皇帝，你忠于崇祯皇帝是为了你的妻儿老小和族人，我不怪罪你。我对手下臣子们说过，以前的事就算了，既往不咎，你再投降，我绝不杀你。"又对祖大寿的侄子祖泽远说："当初我巡视杏山的时候，你小子明知道是我，还背信弃义，拿红衣大炮轰我。今天明人不说暗话，祖大寿我都不怪罪，你更没事，你年轻，好好效力就是。"

皇太极之所以如此厚待祖大寿，不仅因为祖大寿是明朝第

第三章　入主中原

一悍将，属下的关宁军是明军中最精锐、最有战斗力的一支部队，还因为他是祖氏军事集团甚至辽东军事集团的领袖。祖氏在辽东四世为将，祖大寿的弟弟、子侄、家仆等数十人都是明军的高级将领，招降优待祖大寿，就是招抚了整个祖氏军事集团。后来祖大寿的子侄多人成为清军的高级将领和官员，为清朝开国立下了汗马功劳。

松锦大战后有两万多明军逃归宁远，这支明军精锐残部成了宁远总兵吴三桂的部下，这是明朝仅存的一支战斗力较强的部队。彼时年轻的吴三桂是总兵吴襄的儿子、祖大寿的外甥，是清军打进山海关的唯一阻碍。因此，皇太极优待祖大寿，也是为了利用祖大寿招降吴三桂，只不过遭到了吴三桂的拒绝。

显然，此时皇太极已经萌生了入主中原的想法。尽管大臣们，特别是汉人大臣们极力建议其直取山海关、北京，但他还是持慎重的态度。

清崇德七年（公元1642年）九月，清军将领李国翰、佟图赖、祖泽润、祖可法、张存仁联名上奏，称以前清军多次入塞伐明，目的是为了抢夺财物，但军士一人一马，抢不了多少东西。现在锦州、松山、杏山、塔山都被大清占了，明朝人心动摇，北京震动。而且目前北京一带兵力空虚，要乘此良机，大军顺势开进，直捣北京，奠定万世鸿基，去晚了北京城恐怕被农民军抢占了。

皇太极说，目前直取北京还不可行。取北京就像伐大树，必须先将树干两旁的枝枝丫丫砍掉，久之大树自然就倒了。眼下关外四城还没破，山海关一时也打不下来。现在明朝的精锐部队已经基本覆灭了，清军只要四下袭扰，等他们国势日衰，而大清兵力日强，北京自然可得。

此时的皇太极仍然想避开关宁防线。尽力避免清军伤亡，这是他一以贯之的想法，早在己巳之变，诸将要求攻下北京时，他就不同意，认为为了一座防守严密的城池而损兵折将不值得。纵观整个皇太极的军事生涯，他都极力避免硬攻防守严密的城池，主要以围城打援为主，迂回入塞，以消灭明朝有生力量、掳掠人口财物为主要目的。此时，他仍然秉承这一战术，不断为明朝放血，让明朝血尽而亡，即所谓的从旁伐大树战略。

为什么降清的汉族大臣特别急不可耐地要灭亡明朝呢？

我认为，一是降清的汉臣心里觉得自己不是满族人，必须通过表忠心、灭亡旧主来证明自己忠贞不贰；二是他们也有更强烈的正统观念，不入主中原，在东北始终还是蛮夷小国；三是他们内心也不喜欢满洲旧俗，而向往中原的繁华生活。

直到崇德七年十月十四日，皇太极才正式下令，由他的弟弟阿巴泰为奉命大将军，与内大臣图尔格等统领将士，前往征讨明朝。皇太极诏令曰：

> 朕命尔等统领大军，往伐明国者，非好为黩武穷兵也。朕不忍使生灵罹害，屡欲与明修好，而彼国君臣，执

第三章　入主中原

迷不从，朕是以命尔等往征。尔等一入明境，遇老弱闲散之人，毋任意妄杀，不应作俘之人，毋夺其衣服，毋离人妻子，毋焚毁财物，毋暴殄粮谷。囊者，兵临山东时，有因索取财物而严刑拷逼者，非仁义之师也，此朕所深恶，尔等当切以为戒。[1]

皇太极此举显示，清军要从当年抢劫烧杀的强盗，变成收买人心的王师。

由于明朝的精锐部队已经全部被消灭，此次清军入塞如入无人之境，用时七个月，贯穿了直隶、山东全域，沿着运河一线南下，一直打到今天的江苏北部，而这恰恰是明朝的运输大动脉，也是东部繁华之地。一路上，清军连败明各路军三十九次，生擒总兵五名，攻克兖州、顺德、河间三府，又攻陷十八州、六十七县，共计八十八城，归顺者一州五县。生擒兖州府鲁王朱以派及乐陵王、阳信王、东原王、安丘王、滋阳王等六王及管理府事宗室等近千人，并将其全部杀掉。另外俘虏人畜九十二万余。七个月以后，清军从容地回东北去了。

这次清军入关后看到的是什么景象呢？此时的明朝已经连续闹了三年饥荒，人们在吃树皮草根，甚至出现人吃人的现象，还有很多人饿死在路边。农民起义军蜂起，土匪横行，百

---

[1]《清太宗文皇帝实录》卷六十三。

姓大量逃亡，大片田野被抛荒。再加上洪承畴的十三万大兵已被全部消灭，有生力量全部丧失，即使明朝廷想和谈，也没有任何筹码了。

就在皇太极终于准备动手取代明朝之际，他突然于崇德八年（公元1643年）八月初九夜里"端坐而崩"。皇太极在位十七年，五十二岁去世，庙号太宗，谥号文皇帝。

皇太极突然去世，由于没有指定继承人，清朝陷入了继承危机。当时皇太极的诸位兄弟中，声望最高、才能最出众、实力最强的是多尔衮。事实上，皇太极本人对多尔衮也极为赏识，赐给他"墨尔根戴青"的美号，意为"聪明的统帅"。多尔衮与他的同母兄弟阿济格、多铎共同掌握八旗中的"两白旗"——正白旗和镶白旗。由于"两白旗"以前是由努尔哈赤亲自率领的，因此实力也最强，人数占了八旗的近三分之一。实力次之的是皇太极长子豪格率领的"两黄旗"——正黄旗、镶黄旗，加正蓝旗，然后是相对中立、皇太极哥哥代善率领的"两红旗"——正红旗、镶红旗，以及济尔哈朗率领的镶蓝旗。

形势很明朗，清朝皇位继承人不是多尔衮就是豪格，如果这两人互不相让，就会发生火拼。如果真的如此，这就会是明朝唯一的生机。但是，当时清朝的统治集团竟然通过妥协的方案，成功化解了这一立国以来最大的政治危机。他们选择了皇太极年仅六岁的儿子福临继承皇位，由多尔衮、济尔哈朗辅政。

第三章 入主中原

此时的明朝已经到了生死存亡的关头，但螳螂捕蝉，黄雀在后，随着明朝将精锐军队全部调集关外，并陆续被清军歼灭，关内的农民军势力越发壮大，李自成兵锋直指北京。崇祯皇帝陷入无兵可调、北京无兵可守的窘境。

明朝是因为没钱才灭亡的吗？

现在有一个非常流行的观点，认为明朝亡于财政破产。简单地说，就是因为明朝中央政府没钱了，没法编练出一支精锐的军队，来抵御清军入侵和平定农民军起义。崇祯十七年（公元1644年），明朝的国库只剩八万两银子了，可以说穷得叮当响。所以，说明朝亡于财政破产是有点儿道理的，但这绝不是全部原因。

我们常说"没钱是万万不能的"，但别忘了前面还有一句，"钱并不是万能的"，我认为明朝更多是亡在前半句上。明朝没钱吗？这得看和谁比，和同时期的清朝比，从单纯的人力、物力和财力看，明朝都是远远胜出的。如果硬要说一个耕地有七八亿纳税亩、人口约两亿的大国，比仅仅只有数十万人的渔猎部落还要穷，那显然是说不过去的。

但钱多并不意味着国力强，更不意味着军力强，这之间还存在着巨大的转换效率问题。人口基数庞大，并不代表有足够合格的精锐兵员，理解这个并不困难。

射箭不仅讲究力量和技法，还极讲究心理素质，明军是半路出家的"农民战士"，如何与从小就骑马射箭的"职业猎手"相比？战场上的技战术差异往往导致一边倒的屠杀，明清两军的多次交战充分证明了这一点。兵员的技战术并不是成年后通过加强训练就能提升的，哪个职业运动员不是从小就参加严格的训练？否则，即使投入再多的钱，恐怕也无济于事。另外，孔子曾经说过一句话，"朽木不可雕也"，如果本身不是块好材料，仅靠后天调教也是很难成气候的。

明军的火器落后，不能抵御清军的骑兵，冷兵器更不是对手。满族人从小就是职业猎手，打猎就是他们生活、生存的方式，而且在极为寒冷、充满野兽和各种危险的大森林里生活，那些体力弱、技术差、智力有缺陷的弱者，早就被严酷的生存环境淘汰了，存活下来的都是最强者。而明朝以农业为主，培养一名合格的冷兵器战士，代价极其高昂，所以必须引进更快速、更有效的作战方式。

于是人们得出结论，仿照同时代的西班牙步兵方阵，建立一支以欧洲先进火器、长矛手与骑兵混合编制的军队，是克制满洲骑兵部队的唯一方法。

在欧洲，火器的普遍运用与技术提高终结了冷兵器时代的霸主——重装骑士。中世纪时，骑士和他骑的马都挂着由一整块钢片打造的板甲，这在当时是绝对的霸主，因为一般的剑对他们一点儿办法都没有，但是火器终结了他们的霸主地位。而

第三章 入主中原

在明末，明军从来没有迈过这道坎。

徐光启曾建议，从澳门引进葡萄牙兵训练明军使用火器，组建几万名欧洲标准的步兵方阵克制清军骑兵，这是明朝唯一可能的自救方式。但非常不幸，并不是因为财政，而是因为意识形态，这个建议遭到了激烈的反对。明朝不愿意以自己鄙视的夷人为师，只想单纯引进和仿制他们的火器，却不改变训练方法与战术组织，结果一批批的明军精锐血洒辽西走廊。而当清军能够仿制欧洲火器，甚至得到了明军经过葡萄牙式训练的炮兵部队，升级为一支以骑兵为主的综合性军队后，明军和明朝的下场已经注定。

明朝虽然比关外的清朝富裕，但也并不宽裕，辽东战事一起，很快就入不敷出，需要每年加征五百二十万两白银的辽饷。五百二十万两银子说多也不多，相对于有几亿亩耕地的明朝来说，税负并不重，每亩九厘银；即使崇祯年间增加至七百多万两，又加征剿饷、练饷（以上就是著名的明末"三饷"），每年合计还不到两千万两。但是，它的增幅却非常惊人，因为未加征"三饷"之前的赋税，包括粮食、布匹等，全部折算成白银后，每年总数不到三千万两白银。

三千万两白银听起来好像很多，但其实也不算多。即使加上"三饷"，每年五千万两，相对于耕地有七八亿纳税亩、人口约两亿的明朝来说，税负也并不高，还不及同时期人口仅几百万的英格兰的一半。即使如此，也已经让广大底层民众纷纷破产，抛弃土地房屋，流离失所。

我认为，明朝衰败的主要原因，是其经济以农业为主，形式太过单一，而且农业的剩余价值不高，利润率很低。明朝的农民本就一直在温饱线甚至生存线上挣扎，他们需要靠天吃饭，遇上灾年，就难以维持生计，何况还要承受高税负。所以，与同时期的英格兰相比，明朝虽然人口多、耕地多，但能够转化为财政与军事能力的比例其实很低。

更糟糕的是，明朝最庞大的利益集团——皇族藩王集团占有社会最大份额的财富。明太祖出身贫苦，怕子孙吃苦受穷，一改唐宋降等袭封的制度，将明朝皇族分封定为"世袭罔替"。所谓"世袭罔替"，就是皇帝的儿子除一位继承皇位外，其余都封亲王，亲王嫡长子不降等承袭爵位，其余诸子降一等继承，即亲王的嫡长一脉永远是亲王，其余诸子为郡王，以此类推。而且皇族在明朝中叶之前是被禁止从事任何职业的，完全由国家财政来供养，且标准非常高，即每年俸禄"亲王万石，郡王二千石，镇国将军千石"，而正七品县令的俸禄每年才九十石。更离谱的是，亲王"之国就藩"[1]还要占有大量的土地收取赋税，数量多达几百万亩，甚至一个省的肥沃耕地半数归藩王。当然这些财富都不会归朝廷所有。

万历初年有一本《万历会计录》，里面记载全国财政支出

---

1 皇子被封为亲王以后要到自己的封地，称为"之国就藩"。——编者注

第三章　入主中原

一千八百多万两银子，其中宗藩俸禄达到五百五十多万两，占了将近百分之三十。也就是说，国家正常的财政支出有将近百分之三十用于供奉皇族，而这些皇族并不从事任何职业。

此外，明朝中后期全国要给北京提供粮食，因为华北地区在明朝的时候生态环境已经严重恶化，不像唐宋以前，是中国的经济中心。明朝时的北京完全无法足量供应官僚贵族和军队驻扎所需的粮食，需要从江南经京杭大运河向北京运粮，运输成本极其高昂，这也是明朝财政不足的一大症结。

明朝中后期全国每年供给北京的粮食有四百多万石，而供给皇族的粮食超过八百万石。有的省份如山西、河南全年的粮食产量还不够供给本省宗室的一半。

上述只是粮食一项，丝绸、棉布、银钱等的供给问题也是一样。明朝皇族人口每三十年翻一番，到了明末人数已经多达几十万，这些人没有任何生产能力，却占有社会上最大份额的财富。于是，当明末清初天下大乱时，明朝藩王皇族就成为农民军与清军的"提款机"。

明朝的宗藩制度、皇族制度几乎是中国历史上最失败的一个制度。虽然明朝的皇族分封是仿照西汉的世袭罔替，但西汉通过平定七国之乱、推恩令、酎金案等方式严厉打击了皇族贵族，削藩除国的现象比比皆是。而明朝缺乏这样的手段，皇族占有的社会财富越来越多，成为依附在国家身上的吸血鬼。

在明朝的皇族之下，还有士大夫官僚集团。明朝施行科举取士制度，两百多年间，通常每三年举行一次进士考试，每次录取二三百人。这些人有了科举功名和官职后可以免除赋役，于是大量底层农民为了脱避赋役，将自己的财产田地托寄在这些人名下。比如说，农民按规定每年要给国家交十两银子的税，现在把财产和田地托寄在官僚和贵族的名下，每年只需付给官僚或贵族七两银子，这样农民就可以省下三两银子。官僚和农民都得利，但皇帝和朝廷的税收就损失了。所以，有的大官僚可以占有几万亩免征税的土地，甚至几十万亩，比如嘉靖朝大学士徐阶，在他的家乡就占有几十万亩土地。

更糟糕的是，底层民众承受的实际赋税，远高于国家明文规定的标准。

> 今日间左虽穷，然不穷于辽饷。一岁中，阴为加派者不知其数。如朝觐、考满、行取、推升，少者费五六千金，合海内计之，国家选一番守令，天下加派数百万。巡按查盘、缉访、馈遗、谢荐，多者至二三万金，合天下计之，国家遣一番巡方，天下加派百余万。[1]

上述文字是明朝官员的观察，意思是老百姓虽然穷，然而并非穷于辽饷。辽饷其实只收五百二十万两的话并不多，一亩

---

[1]〔清〕张廷玉等：《明史》卷二百五十七，《梁廷栋传》。

地也就九厘而已，而且没有地的农民不用交。但是最关键的是，正税之外的隐形税赋"不知其数"。比如地方官去北京朝觐，接受考核，路费少则五六千金。每次中央考核地方官，全国就要加派数百万赋税。同样，中央派巡抚到各地查访，每次也要两三万两银子，于是全国又要加派百余万两银子。所有这些并不是由国库出，而是出自当地的老百姓。

此外，地方在征税的时候还要加征一笔"耗羡"，就是说老百姓拿着碎银子去交税，官员要把碎银子按标准铸成银锭，再将其送到太仓的国库。但在铸造的时候会有损耗，因此征税的时候就要多收一点儿。而耗羡的额度是官员自己定的，所以耗羡后来额度很大，有时候甚至是正税的好几倍，这又成为老百姓一个沉重的负担；直到清朝，雍正皇帝才将耗羡革除。

明朝的组织动员效率低下，各级政府的统计数据都是具文，流于形式，弄虚作假。典型的像官方的土地数、户口数在两百多年间几乎一成不变。比如明初洪武年间曾统计过天下的户籍人口，将近六千万，到明末的时候是六千多万，只有小幅变化。

那么，这些数据是怎么来的呢？我研究过万历年间县级以下的黄册，也就是户口与财产统计册，按规定每十年编造一次。"编造"这个词确实用得好，因为这些公文上的数据的确是编造出来的。黄册上面赫然列有两百多岁的人，这怎么可能呢？原来，每过十年，明朝官员重新编造黄册时，也不去核实，就在原来的户口册上给每个人加十岁，结果不断地加，就加到两百多岁。而且人口登记极为随意，经常一户人家就记录一两个人，遗漏现象严重。

关于这一点，还有更加离奇的事情。崇祯皇帝在位只有十七年，崇祯十七年就是1644甲申年。但是，清军在1645年攻下南京后，在玄武湖的黄册库中非常吃惊地发现，明朝的黄册已经编造到了崇祯二十四年！

可想而知，明朝这样的统治方式不可能有效率。最关键的是，不仅下级在糊弄上级，上级也知道下级在糊弄，而且下级也知道上级知道他们在糊弄，但并不相互揭穿，就这么一直相互糊弄。这非常可怕。国家财政如此，其他方面，比如军队其实也是一样。

在这样极度糟糕的环境下，明朝廷榨取的"三饷"又用在哪里了呢？清军入关时经过锦州，当人质的朝鲜世子和范文程参观了祖大寿、祖大乐挪用军费修建的府第，形容"其结构宏杰，甲于城中，重门复室，金碧炫耀，甃砖石砌，雕刻奇形，文垣粉墙，穷极华丽。而大寿之家则尤为侈奢，或云中原巨室之家过于此者多矣，而我国则虽至尊之居，不能如是其华者。其黩货取怨，以致覆败之说，殆不虚矣"[1]。从中我们可知，两位明朝总兵在前线的居所比朝鲜王宫还要奢侈华丽，但比起中原内地的豪宅来又要逊色。连朝鲜人也感叹明朝显贵贪婪成性，贫富差距过于

---

1 [朝] 佚名：《沈馆录》卷七。

第三章　入主中原

悬殊，从而激起底层不满，民变四起。如此这般，明朝灭亡还奇怪吗？明朝官员的法定收入很低，最高正一品官员的月薪也不过米八十七石，显然，祖大寿兄弟依靠合法收入是无法修建如此奢华的豪宅的，那么钱从哪里来呢？明朝花在关宁锦防线的军费很少有精确的统计，粗略估算起码有白银两亿多两，其中有多少被各级官员中饱私囊？从底层民众那里搜刮来的民脂民膏却化为前线将领的豪宅大院，这样的防线、这样的江山真的能守得住吗？在这样的前提下，即使再增加"三饷"，填进辽西走廊的无底洞又能如何呢？只不过让崩溃来得更快罢了。

难道崇祯皇帝对此不清楚吗？他清楚得很。所以他逼大臣们捐钱，大臣们个个哭穷，如铁公鸡一般，想拔下毛来困难重重；他逼外戚贵族、他曾祖母的亲族李家捐钱，结果遭到抵制。与李家勾结的宦官宫妾们编造谣言，说曾祖母孝定太后化身为九莲菩萨，指责崇祯皇帝对她家不好，诅咒皇子们全得死。正巧此时皇五子夭折了，崇祯皇帝很害怕，马上将逼捐的钱全部还回去，转而痛恨提出这个建议的首辅大学士薛国观，安了个罪名将其赐死。

以上可以看出，明朝财政再困难也得厚待分封皇子，藩王有钱，皇帝却不开口要求他们捐钱共克时艰，又凭什么让其他异姓贵族、官僚捐钱？朱家自己人都不拿江山当回事，为什么要拿异姓开刀？君视臣如草芥，臣视君如寇仇，如此人心就散了——与其如此，不如换个主子。

南迁还是困守：皇帝与大臣的博弈

松锦大战后，明朝形势越来越危急：在山海关外，仅余吴三桂的一支战后残军；而在中原，由于精锐明军都已被抽调出关，起义的农民军借着饥荒声势大起，已经攻进了中原腹地，多名藩王被杀。黄河流域与华北地区经过多年饥荒和战乱，已经无法维持明朝中央政府的运转。

崇祯十六年（公元1643年），崇祯皇帝与首辅周延儒秘密商议南迁事宜，并叮嘱周延儒千万不要泄露消息。明朝有两都，一个是北京，一个是南京。明朝初年的首都在南京，永乐皇帝迁都北京后，在南京还留下了一套备用的班底。

天启皇帝的张皇后，也就是崇祯皇帝的嫂子听到消息以后，就问崇祯皇帝的周皇后："此周延儒误皇叔也，宗庙陵寝在此，迁安往？"[1]太庙、宗庙和祖宗的陵墓都在这里，怎么迁呢？这确实是一个非常大的问题。张皇后还说了周延儒很多坏话，结果南迁一事就搁浅了。

崇祯十七年正月，关外的清军因为皇太极去世以及继承问题，暂时没有对明朝发动攻势，但关内的农民军势力越发强大，李自成也已经率军攻进了山西。

---

1 [明] 李清：《三垣笔记》，"崇祯"条。

第三章　入主中原

山西在明朝的地位极其重要，因为其地势居高临下，农民军翻过太行山就可以打到华北平原，可以从西、北、南三面包围北京。眼看就要被起义的农民军一网打尽，崇祯皇帝终于急了，秘密召见李明睿、李邦华、吕大器商量南迁事宜。

李明睿非常坦率地要求南迁，"当局者迷，旁观者清，皇上可内断之圣心，外度之时势，不可一刻迟延者也"[1]，要求皇帝不要再让群臣商议了，一定要乾纲独断。

崇祯皇帝说："此事我已久欲行，因无人赞襄，故迟至今，汝意与朕合，但外边诸臣不从，奈何？此事重大，尔且密之，切不可轻泄，泄则罪坐汝。"[2]崇祯皇帝言下之意是告诉李明睿，他早就想迁都了，只是因为没有人支持所以才拖延到现在。他的想法和李明睿一样，但是如果大臣们不同意怎么办？这是大事，因此崇祯让李明睿保密，万万不可泄露出去，否则治他的罪。

这与之前的陈新甲与清军议和的情形一模一样。陈新甲议和是崇祯皇帝指使的，但是议和的消息泄露了，崇祯就杀掉陈新甲，然后跟大臣们说议和的事是陈新甲背着自己干的，以此来推卸责任。李明睿现在也面临与陈新甲相似的处境，非常危险。

虽然崇祯皇帝知道待在北京只有死路一条，非常想南迁，

---

1 [清] 计六奇：《明季北略》卷二十。
2 [清] 彭孙贻：《平寇志》卷二。

但是又不愿背上骂名，要将南迁的责任推给臣下，推给提出建议的人。

崇祯皇帝还详细问了南迁的具体方法，李明睿建议可以伪称到曲阜朝圣，然后快马加鞭南下，二十天内即可过黄河、淮河，到达安全的淮安地界（明朝时期，黄河不是从现在的山东入渤海，而是夺了淮河中下游的水道，从江苏北部入黄海，所以黄河与淮河是一体的）。

此时明朝在南方还有五支主要军队，由刘良佐、刘泽清、黄得功、高杰、左良玉这五位总兵率领，前四人驻扎在江淮流域，四地合称为"江淮四镇"，左良玉驻扎在武昌一带。当时明军号称还有四五十万人，当然这个数字是假的，毫无意义，不过几万能打仗的兵士起码还是有的。如果崇祯皇帝顺利迁往南京，依托黄河、淮河、长江天堑进行抵抗，未尝不是一条生路。但能否就此挽救明朝的国运还是个未知数。有人认为，崇祯皇帝一旦南迁，明朝就能中兴。我认为还真是未必，但起码比在北京坐以待毙强。

由于崇祯皇帝的犹疑不定，南迁计划一拖再拖，直到李自成攻下山西，马上就要兵临北京城下了。李邦华、李明睿再次上奏疏，提出了另一个南迁方案，即太子去南京、皇帝守北京，这样起码在北京被攻下后，还有一个无可争议的合法继承人在安全地带，免得明朝出现群龙无首的状况。但很不幸，这个方案最终也未能落实，导致了一年后南明小王朝群龙无首、相互倾轧的混乱局面。

第三章　入主中原

南迁方案之所以没有被落实，跟崇祯皇帝的"抠门""小气"的性格有关。因为当时已经没有多余的军队护送太子南下，必须征召新兵，而征召新兵就要花钱。如果没有充足的资金，不仅无法征募新兵，而且南下途中也无法犒赏将士，势必会有很多麻烦。李明睿提出，因为国库紧张，费用应由皇帝的内库（皇帝私人的小金库）出。

但是，崇祯皇帝坚持认为应由户部开列一个特殊的支出项。在这一点上，两人产生了分歧。李明睿认为如果动用国库中仅剩的储备，北边防线将受到致命伤害；而如果抽调北京城防军队或者边防军，就等于放弃北方和中原，南下之行无异于逃跑。李明睿请皇帝为宗庙社稷考虑，赶紧下决断，不要临渴掘井。崇祯皇帝低头不语，最后也没拿定主意。

时间一天天过去，李自成一天天逼近北京。李明睿公开上疏要求南迁，这一次他换了个说法，叫作皇帝"亲征"，留下太子镇守北京。其实，皇帝"亲征"应该向北征清军，或者向西征李自成，怎么向南"亲征"呢？当然这只是让人听上去好听一点儿，就像宋钦宗被金人俘获去黑龙江，叫作"北狩"一样。

但是，这一次受到了首辅陈演的坚决反对。陈演将李明睿的奏疏透露给了兵科给事中光时亨，让他出来公开反对。于是，光时亨称南迁是邪说，不斩李明睿不能安人心。李明睿因为受到皇帝警告，不好为自己辩护，所以他不能像陈新甲一样，说南迁的主意皇帝也同意。崇祯皇帝当然知道谁是谁非，但他为了面子不肯公开自己的意愿，只好责骂光时亨是泄私愤，说邪说这么多，他为什么只攻李明睿一人。虽然崇祯皇帝这次算是有点儿良心，没有把李明睿像陈新甲那样杀掉，但他还是不敢公开自己南迁的意愿，于是南迁计划又一次搁置。

崇祯十七年二月二十七日，李邦华与李明睿又分别提出了两个南迁方案，李邦华提出太子南迁、皇帝留守，李明睿提出皇帝南迁、太子留守。没想到，迫于舆论压力的崇祯皇帝突然态度大变，公开宣称：

> 祖宗辛苦百战，定鼎于此土，若贼至而去，朕平日何以责乡绅士民之城守者？何以谢先经失事诸臣之得罪者？且朕一人独去，如宗庙社稷何？如十二陵寝何？如京师百万生灵何？逆贼虽披猖，朕以天地祖宗之灵，诸先生夹辅之力，或者不至此。如事不可知，国君死社稷，义之正也。朕志决矣。[1]

言下之意是，老祖宗们好不容易才在北京定都，现在李自成等"流寇"来了，如果轻易地就把祖宗基业丢掉，怎么对得起祖宗、对得起百姓？况且如果他一个人跑了，那宗庙社稷怎么办？十二陵怎么办？京城老百姓怎么办？尽管现在"逆贼"

---

1 [清] 吴伟业：《绥寇纪略》补遗中《虞渊沉下》。

猖獗，但仰仗天地祖宗保佑和各位大臣的辅佐，相信事情不会太糟糕的。

崇祯皇帝还定了个高调：如果实在不行了，自己作为国君为社稷而死，也是正义所在，理所当然，所以他已经下定决心，实在不行情愿死在北京。这样的高调一出，其他人根本没法反对。

崇祯皇帝此言一出，有大臣又提出，让太子去南京监军，但也遭到了反对。崇祯皇帝说，自己经营天下十几年，尚不能济，哥儿（太子）孩子家，做得了什么事？大家还是商讨一下战守之策，其他话就不要再说了。

崇祯皇帝对南迁的态度为什么突然转变，行为乖张？亲历者吴伟业分析了崇祯皇帝的心态：

> 上意非不欲南（迁），自惭播越，恐遗恨于万世，将俟举朝固请而后许。诸大臣材不足以定迁，而贼锋飘忽，即欲遣太子两王，禁军非唐羽林、神策者比，万一贼以劲骑疾追，即中道溃散，其谁御之？[1]

意思是说崇祯皇帝在内心里不是不想南迁，但是怕遭骂名，怕被人指责他逃跑，怕遗臭万年，所以他需要大臣们举国请求，需

---

1 [清]吴伟业：《绥寇纪略》补遗中《虞渊沉下》。

要大家三番五次地集体跪在地上请求他南迁，他才会"被迫"答应——南迁是被大家逼的，将南迁或者逃跑的罪名安在群臣头上。

其实崇祯皇帝还担心大臣们没能力保卫他的安全。明朝禁卫军不比唐朝的御林军和神策军，如果南迁路上遇到农民起义军追击，恐怕难以抵御，弄不好皇帝、太子和皇子们都要被俘。

当然，吴伟业的解释并不是全部原因。

人是非常复杂的，崇祯皇帝表面上坚决反对南迁，但内心又极度渴望南迁。他一面说"国君死社稷"，显得非常忠烈；另一面还做着南迁的准备，派给事中左懋第前往南京，查看沿江舟师兵马状况，想知道自己一旦跑到南京，南京城能不能守卫得住。他又密旨令天津巡抚冯元飏准备三百艘漕船在直沽口待命，准备走海路。其实走陆路可能会被农民起义军追上，走海路确实更安全。冯元飏不断敦促崇祯皇帝立即南迁，认为北京不可能守住；他愿率劲旅五千驰赴通州，恭候圣驾，由海道到南京，并派其子冯恺章进京敦请。但此时已是三月初七，李自成马上就兵围北京了。

崇祯心里想南迁，但不敢公开承认，主要是因为南迁遭到内阁首辅陈演的坚决反对。对此，崇祯皇帝很恼火，召见内阁辅臣时，唯独不召见陈演。陈演对此深感不安，于二月二十八日乞求辞职。在罢免他的前一天，崇祯皇帝对陈演说了一句意味深长的话："朕不要做，先生偏要做；朕要做，先生偏不要

第三章 入主中原

做。"[1]意在怪罪陈演。

继任内阁首辅魏藻德也坚决反对南迁，但他比陈演油滑。崇祯皇帝让魏藻德表态要不要南迁，他始终一言不发。魏藻德深知崇祯皇帝的心思和行事风格，坚决不当替罪羊，所以始终不表态。

三月初三，大学士李建泰再次奏请南迁，并表示自己愿意护送太子先行。次日，崇祯皇帝召见大臣说，李建泰劝其南迁，可他作为国君是要死守社稷的，到底应该怎么办呢？再次让大臣们表态。大学士范景文、都御史李邦华、少詹事项煜等表示赞同，并请求先护送太子去南京。结果遭到光时亨的激烈反对，光时亨说了一段极为恶毒的诛心之语。他说："你们带太子跑到南京去，心里到底想干什么？你们不就是想模仿唐肃宗在灵武称帝的旧例吗？当今皇帝不就变成唐玄宗了吗？[2]你们拥戴太子，有了拥立之功，既可以保富贵，又到了安全的江南，你们难道要皇帝一个人在北京死社稷吗？"

此语正中一向多疑的崇祯皇帝的心思。光时亨此语一出，没人再敢说"南迁"二字。在极度尴尬的沉默中，崇祯皇帝又问大臣们怎么守卫北京，诸臣一片沉默。

于是崇祯皇帝恨透了这帮大臣，深深叹息，说了一句非常

---

1 [明] 李长祥：《天问阁集》卷上，《甲申廷臣传》。
2 唐朝安史之乱中，后来的唐肃宗李亨在马嵬驿兵变以后，没有跟父亲唐玄宗李隆基去成都，而是北上到灵武称帝，把唐玄宗逼下台。

有名的话:"朕非亡国之君,诸臣尽为亡国之臣!"[1]意思是他不是亡国之君,他做得很好,自己光明磊落,能力超群,责任心强;是臣子们不好好干,所以才导致国家灭亡。崇祯皇帝至死不悟,是自己和战不定、争功诿过,对臣下极为凉薄的行为早已经让臣下绝望透顶。明末一批最忠勇、最能干的大臣、统帅、将领,被他一批批地逼向辽东战场,不是战死就是被杀。到此时,他还将责任全部推卸给下属,没一点儿担当。真是至死不悟、不悟至死。这种领导作风,与关外的对手皇太极相比,真是一个天上一个地下。

至此,命运已经注定、心灰意冷的内阁及六部大臣开始怠工。在京等了七天的冯恺章痛哭离京。

但就在李自成兵临北京城下之时,崇祯皇帝又有"神来之笔",突然又动了南迁的念头。于是他就去问姐夫、驸马巩永固,说能否招募人马护卫南迁。巩永固早就劝他南迁,但被他大义凛然地拒绝了。现在巩永固告诉他,为时已晚,自己已经做好了全家自杀殉国的准备。

几个月的宝贵时间就这么耗完了,崇祯皇帝心里恨透了那帮故意架着他的大臣,但此时已毫无办法,只能坐困危城。

性格决定命运,这句话在崇祯皇帝身上应验了。

非常具有讽刺意味的是,李自成攻进北京后,坚决反对南

---

1 [明]谈迁:《国榷》卷一百。

迁的光时亨立刻投降，而坚决主张南迁的李邦华自杀身亡。

甲申国变：北京陷落，皇帝自杀，明朝未亡

前文已经多次强调，明末农民起义四起有几个原因：一是连年灾荒；二是"三饷"层层加派；三是裁撤边军、驿卒，士兵因为缺饷而逃散；四是清军不断入塞，明军精锐多次北上勤王，最能干的统帅、将领与军队被清军消灭殆尽。

洪承畴、孙传庭围剿农民起义大获全胜之际，清军入塞，二人率领精锐的陕西军北上勤王。卢象升战死殉国后，孙传庭被任命督天下勤王兵马，但他反对调陕西兵北上，担心所部一旦北上，长时间回不来，农民军的势力在陕西又将增强。孙传庭因此被多次训斥处分，气得耳朵都聋了，还被崇祯皇帝认为是装聋，把他关到牢里。

崇祯十五年，李自成第三次率军包围中原重镇开封。崇祯皇帝迫不得已放出孙传庭，让他带兵围剿。但今非昔比，当年孙传庭率领的精锐陕西兵已远在关外松锦战场，新招募的军队不是李自成的对手，而且士兵根本没有粮食给养，不得已采青柿为食。明军在大雨中又冻又饿，结果大败，时人称此战为"柿园之役"。

第二年，崇祯皇帝逼迫孙传庭率领未经训练的士兵出战，

孙传庭顿足叹曰："奈何乎！吾固知往而不返也。然大丈夫岂能再对狱吏乎！"[1]意思就是说，能怎么办啊？他当然知道这次肯定是有去无回了，带领这支还没训练好的队伍打李自成纯粹是找死，但是他怎么能再次忍受狱吏的羞辱呢？果不其然，军队被全歼，孙传庭冲入敌阵战死。为什么慷慨赴死？原因很简单，打了败仗，按崇祯皇帝的脾气以及之前对孙传庭的态度，肯定是斩首。战后因为找不到孙传庭的尸体，崇祯皇帝竟然怀疑他逃跑，不给抚恤。其部下看到这种情景心都凉透了。四年前卢象升也是这样，尽管找到了卢象升的尸体，但崇祯皇帝认为他不一定是战死的，所以要查验尸体，看看有没有作假，而这一查就查了八个月。此种种事件表明，崇祯皇帝为人太过凉薄，寒了众将领的心。至此，明朝在中原最后一支能打仗的军队，就这样被消灭了。

李自成率军越过黄河攻打山西，除了在代州、宁武关遭到周遇吉的顽强抵抗之外，其他各地明军纷纷投降，甚至九边中的大同、宣府的边军也投降了，通向北京的道路畅通无阻。

早在太原陷落时，崇祯皇帝就想将吴三桂的关宁军调到北京勤王，这是他仅有的一张牌了。为此，他于崇祯十七年二月十二日召见了吴三桂的父亲、前总兵吴襄，两人的一段谈话，暴露了很多明末军队的骇人真相。

---

1 ［清］张廷玉等：《明史》卷二百六十二，《孙传庭传》。

第三章　入主中原

吴襄放大话说,李自成现在号称有百万大军,实际不过数万人,而且都是中原的乌合之众,从未与边军交战过;只要他儿子出战,立刻就可以擒拿李自成。

崇祯皇帝询问吴三桂有多少兵,吴襄说名单上有八万,其实只有三万。事实再一次证明,明朝的名册、统计册完全不算数,土地册是假的,人口册是假的,军队编制也是假的。

而且,即使三万实数中,也只有三千人有战斗力。吴襄说,这三千人可不是一般的士兵,他们简直就是自己的兄弟手足,平时供给他们"细酒肥羊、纨罗纻绮",吃好喝好穿好,所以这三千人肯死战。

当时明朝的军队战斗力极差,加上给养匮乏,装备又差,训练不足,一切都很差。但是这些总兵打仗时候要保命,就养了一批亲兵,给他们数十倍的薪水、最好的装备和给养。真正能打的也只有这些少数由主将重金豢养的亲兵。所以,别看明朝动不动就出动十几万,甚至几十万人的军队,但真正能打的可能只有几千人。

崇祯皇帝继续问这三千人调过来需要多少军饷,吴襄开口就要一百万两银子。崇祯皇帝大惊。吴襄解释道,这三千人在关外辽西走廊都有价值数百金的土地、庄园,现在让他们把自己的财产全部扔了入关,总要把他们安顿好吧?财产损失总要设法弥补吧?还有依附在他们土地、庄园的人口就更多了,也要安顿好,所以一百万两银子恐怕还不够呢。

崇祯皇帝听罢心都凉了，只好如实相告，内库银两只有七万金，其他金银珠宝加起来有二三十万两，国库更不用说了，只有白银八万两了。

为什么调关外的军队入关如此困难？当年袁崇焕以"辽人守辽"的政策，打造了一支关宁精兵。有恒产者有恒心，为了保卫财产和家园，他们与清军作战时意志顽强，但也产生了一个问题，那就是这些士兵拥有关外的土地、房屋这类不动产，所以让他们抛弃关外财产入关勤王，代价极为高昂。

崇祯皇帝不敢公开放弃山海关外的国土，又一次召集众臣商讨对策，结果遭到了以首辅陈演为首的众多大臣的坚决反对：放弃国土是个大是大非的问题，怎么能放弃祖宗多年打下的领土呢？此为不忠不孝！这顶大帽子扣下来，就没人敢承担责任了，包括崇祯皇帝本人。

在一贯的推诿扯皮中，明朝耽误了调兵时间，直至三月初六，崇祯皇帝才命令吴三桂放弃宁远，入关勤王。同时命令唐通、刘泽清勤王。刘泽清拒绝执行命令，他知道明朝已经没希望了，也不愿为崇祯皇帝卖命，于是刘泽清部到达临清大肆抢劫后南逃。

吴三桂接到命令后，放弃了宁远关外的国土，不仅率兵入关，还把包括后勤、给养以及整个辽西走廊的老百姓全部迁来。接到崇祯皇帝命令十天后，也就是三月十六日，五十万人到达了山海关。

第三章　入主中原

此时李自成已经兵临北京城下了。

李自成为什么来得这么快呢？从宣府（今河北省张家口市宣化区）到北京有一个极为重要的关口——居庸关，可谓天险。北有八达岭长城，中有上关城，南有南口，居庸关纵深防御体系牢固，冷兵器时代攻克不易，但守关的唐通不战而降，李自成军顺利入关，占领昌平。

三月十六日晚，李自成兵锋直逼北京城的平则门。三月十七日，崇祯皇帝举行朝会，群臣乱哄哄地提出各种建议，诸如要坚决守卫、要打巷战等，其实完全无济于事。绝望的崇祯皇帝在案上写下"文臣人人可杀"，怨天怨地怨人，就是摘清了自己，但已经到了这般田地，又有何用？

三月十八日，明朝绝望的情势似乎有了转机，李自成派投降的太监杜勋入城，准备和谈。李自成为什么想和谈呢？因为北京城非常坚固，城墙也非常高大，想打下来很不容易。当年土木堡之变，瓦剌兵没有打下北京；俺答汗在嘉靖年间围住北京，也没有打下来；清军也曾多次包围北京，但并未攻入。

李自成提出的和谈条件是：明朝封李自成为王，赐银一百万两，陕西和山西为其封国；李自成则负责平定国内其他农民起义军，抗击清兵，保卫辽东。

此时崇祯皇帝已经没什么筹码可言了，但他不愿一个人承担卖国和纵容农民军的罪名，于是问首辅魏藻德："此议何如？今事已急，可一言决之。"老江湖魏藻德一言不发；崇祯再次问:"此议何如?"[1]魏藻德仍旧不说话,只是鞠躬低头,拒绝分担责任。崇祯皇帝气得一把推倒龙椅,魏藻德慌忙退出。于是谈判告吹,明朝就这样失去了最后的机会。

北京城肯定守不住,城里的人个个心知肚明,许多官员都做好了改朝换代的准备。明朝的京营禁旅早就腐败不堪,只是徒费军饷。王世德在《崇祯遗录》中记载,京营官军的"诡寄"现象十分普遍,当兵的名额甲卖给乙、乙卖给丙,都不知道转了多少手,最后承担兵役的都是市井无赖之徒,根本未经任何训练,也没有任何纪律。而且北京城特别大,几十公里长的城墙,一个士兵要守十米长。守军也不听命令,不想站在城头,就躺在城墙里面。民心、官心、军心涣散如此,明朝大势已去。

谈判不成,李自成随即下令攻城,但很快多个城门就从内部打开了。其中最有名的是彰义门(又称广宁门,今广安门),它首先被守卫太监曹化淳打开,但曹化淳后来力辩自己当时并不在北京。外城打开后,夜里内城阜成门、德胜门等也被打开,至此北京城完全失陷。此时正好沙尘暴起,遮天蔽日,再加冰雹、雷电四起,一派黑云压城之象。

崇祯皇帝见大势已去,逼迫皇后、妃嫔自杀,砍伤女儿长平公主,哀叹:"尔何生我家!"[2]命三个儿子化装潜逃,自己也

---

1 〔明〕钱士馨:《甲申传信录》卷一,《睿谟留憾》。
2 〔清〕谷应泰:《明史纪事本末》卷七十九。

第三章 入主中原

想化装出城逃跑,结果守门军人不知是皇帝而没有放行。

天色已亮,崇祯皇帝来到前殿,鸣钟召集百官,都没有一个人前来。崇祯皇帝彻底绝望了,登上了万岁山(现在的景山)的寿皇亭,和他的太监王承恩相对上吊自杀。

他死前还在自己的衣服上写了几句话:

> 朕自登极十七年,逆贼直逼京师。虽朕薄德匪躬,上干天咎,然皆诸臣之误朕也。朕死无面目见祖宗于地下,去朕冠冕,以发覆面,任贼分裂朕尸,勿伤百姓一人。[1]

已经死到临头了,他还在责怪大臣害了自己。崇祯皇帝认为死后无颜见列祖列宗,所以要求不戴皇帝的冠冕,把头发盖在他的脸上。还说尸体任凭贼寇分裂,但请不要杀害百姓,又写了一句"百官俱赴东宫行在",让百官赶紧去找太子。

人虽然有天分差别,但作为皇帝,如果缺乏必要的皇帝教育,则是个大问题。朱由检从来没有想到自己会成为皇帝,因此也没有受过系统完整的皇位继承人的教育和训练。年少突然即位,接手了一个如此复杂、困难的烂摊子,确实力不从心,能力与品质两方面都承担不了一个国家最高领导人的角色,何况在这种乱世。他本人也确实有很大的问题,性格扭曲乖张,患得患

---

[1]〔清〕谷应泰:《明史纪事本末》卷七十九。

失，游移不定，猜忌心极重，对臣下极为刻薄暴虐，残杀袁崇焕，逼死卢象升、孙传庭；他一方面推卸责任，频繁更换和杀戮大臣，一方面又不断抱怨臣下有负君恩，总之都是别人对不起他。

在崇祯皇帝统治明朝的十七年中，内阁首辅换了二十人，大学士多达五十人，刑部尚书十七人，杀总督七人、巡抚十一人。

崇祯皇帝是个彻头彻尾的悲剧人物，对政权、对国家民族而言都是一个悲剧。

北京城陷落、崇祯皇帝自杀并不代表明朝亡国。此时在江淮以南，仍然完整地保留着明朝的各级统治机构，法统犹存，不久又新立了皇帝。

那么为什么现在普遍流行说明朝亡于"甲申国变"，也就是明朝亡于崇祯十七年（公元1644年，当年为甲申年）呢？其实这是不准确的，可能是源于清朝官方有意编造的谎言。清朝统治者经过了近三百年的不断宣传，让我们相信明朝灭亡于崇祯皇帝上吊自杀。

崇祯上吊那天，李自成在明朝首辅大学士魏藻德和三百名宫廷宦官的陪同下，经承天门（今天安门），箭射匾额后入宫。魏藻德的做法正应了孟子那句话："君之视臣如土芥，则臣视君如寇仇。"

北京城陷，有四十多名明朝官员自杀身亡，但有一千两百多名官员投降，急于在新皇帝手下谋求官职。自杀身亡者以中老年人居多，高级官员居多；而很多投降者是进入仕途不久，还想更进一步，在新朝大展宏图的人。

崇祯皇帝的三个儿子化装逃跑，结果被太监抓住献给了李自成。崇祯皇帝的遗体在三天后才被发现。李自成将他和周皇后的棺材放在东华门，明朝的文武百官从崇祯皇帝的棺材前走过，看都不看一眼。只有襄城伯李国桢一人，看到皇帝和皇后的棺材后，跟跄奔走，跪在棺前大哭，也只有李国桢一个人穿孝服徒步送葬。

随后崇祯皇帝与皇后二人被安葬在田贵妃的墓中，即现在明十三陵中的思陵，后来李国桢在陵前自杀。

三月二十三日，以旧首辅大学士陈演、成国公朱纯臣为首的明朝降官纷纷劝李自成早登帝位。更加令人不解的是，复社著名文人、庶吉士周钟甚至写了《劝进表》，骂崇祯皇帝为独夫民贼，夸李自成是尧、舜、汤、武，一副无耻小人的嘴脸。

一时间，李自成似乎真的夺得了天下，要成为"明太祖第二"了。但此时在山海关方向，还有一个最大的变数，就是由吴三桂率领入关勤王的关宁军，他们将何去何从？

大战山海关：冲冠一怒为红颜？

我们在这节主要讨论两个话题：第一，吴三桂投降清朝的原因究竟是什么，是不是所谓"冲冠一怒为红颜"？第二，对历史走向有极大影响的山海关大战发生的地点究竟在哪里？过程是怎么样的？

由于明朝国库已空，李自成进北京没有缴获太多的财物，于是开始拷掠贵族官僚，让其缴纳财物，并定下指标：大学士须纳银十万两，六部尚书七万两，科道吏部郎三万至五万两，翰林一万两。大学士魏藻德死前交出黄金一万三千两赎身，陈演交出黄金四万两，已故皇后之父周奎死前交出白银七十万两。这些人在崇祯皇帝要求捐赠军费时个个哭穷，没想到新主子来了动作却干脆利落。

吴三桂回援北京，进军到直隶丰润（今河北省唐山市丰润区）时，听到了北京陷落、崇祯皇帝自杀的消息，急忙回师山海关，此时是崇祯十七年三月二十日。

现在很多人认为吴三桂是故意磨蹭，每天慢腾腾行军，害怕赶到北京与李自成交战，这完全是误解。事实上，吴三桂接到崇祯皇帝放弃关外国土的命令后仅四天就动身起程，既要带着几十万军民混编行军，还要防备清军从背后袭击，撤退速度并不慢。从宁远到山海关一百公里路，他们五天时间就赶到了，每天行军二十公里。到山海关仅花了两天时间安置民众，吴三桂就率兵奔向北京；北京城当天陷落，而两天后吴军抵达丰润时才得知这一消息。

山海关距离丰润一百五十公里，吴三桂率兵两天抵达丰

第三章　入主中原

润，也就是吴军每天行进了七十五公里——没有了平民拖累的关宁军骑兵完全是以急行军的速度奔向北京救援的。当时最快的交通工具就是骑马，两天一百五十公里的速度已经非常惊人。况且这样持续的强行军也不可能维持几天，否则人马困乏，即使到达战场也是不堪一击。而丰润至北京最外围的朝阳门还有超过一百五十公里的路。他们谁也想不到拥有高大坚固城墙与红衣大炮的北京城，竟然在短短一天之内就失陷。因此，指责吴三桂不想救援北京，故意磨蹭拖延是有失公允的。吴三桂之所以来不及救援北京，恰恰是因为崇祯皇帝自己游移不定，拖延了时间。我们试想，吴三桂在没有得到皇帝的命令之前，怎么敢擅自放弃关外国土要塞回京？

在北京，李自成威胁吴襄写信招降吴三桂，又命令唐通以四万两白银犒劳吴三桂，并带两万人守山海关。吴三桂答应了投降李自成，再次领军向北京进发，觐见新主。行至半路上听说家人被关、财物被夺时，吴三桂还比较乐观，认为只要自己到北京，家人就会被释放。但当听到自己的爱妾陈圆圆被李自成的大将刘宗敏抢去时，吴三桂勃然大怒；他觉得大丈夫连一个心爱的女人都保不住，实在是没脸见天下人了。于是，吴三桂立刻回军击败唐通，抢占了山海关。

几年后，明末翰林吴梅村写了一首《圆圆曲》记录此事，诗中写道：

鼎湖当日弃人间，破敌收京下玉关。
恸哭六军俱缟素，冲冠一怒为红颜。

因为此事太过传奇、浪漫，且有将国家兴亡大事怪罪在女人头上之嫌，即所谓"红颜祸水"（这其实是一种非常陈腐的史观），所以现代很多史学家认为此纯属编造。长篇小说《李自成》的作者姚雪垠认为陈圆圆当时不在北京而在宁远，并且已经去世。但事实真相究竟如何？陈圆圆被刘宗敏强占一事有多位当事人的目击记录。吴梅村当时就在北京，而且他与陈圆圆早在苏州就认识，此事在当时已经为人们所共知，应并非虚构，所以《明史》也采用此说。

我认为，陈圆圆被抢一事，不仅是对吴三桂本人的羞辱，而且说明李自成的招降可能并非真心，吴三桂真到了北京也不一定有好下场。退一万步讲，即使吴三桂不被李自成杀掉，这件事也证明李自成根本约束不了部下，成不了大事。所以，此事并不能怪到陈圆圆头上，她在其中完全是一个受害者。

此时的吴三桂有三万多关宁军，属于精锐部队，但他自料不是势头正健的李自成的对手，而李自成已经亲率大军杀向山海关，遂决定向关外的清朝求援。

此时，清朝也在密切关注关内的动向。

四月初四，得知北京已经陷落，清朝大学士范文程建议出兵入关，以攻占北京为目标："正如秦失其鹿，楚汉逐之。我国虽与明争天下，实与流寇角也。"[1]意思是说清朝现在是与农民军争天下，而不再是与明朝争天下了。

摄政王多尔衮急于建功立业，想用战功来威服内部的政敌。五天后他就正式出兵，动员了三分之二的满洲军、蒙古八旗军以及全部的八旗汉军。此时的行军路线还是走以前入塞的蓟州、密云等地，并不是山海关。

四月十五日，清军抵达翁后（今辽宁省阜新市境内），接到了吴三桂的求救信。信上请求清军帮忙恢复明朝江山，理由是"除暴剪恶是大顺，拯危扶颠是大义，救民于水火是大仁，兴灭继绝是大名，取威定霸是大功"。除了这些道义上的理由，吴三桂还说目前农民军手上有了大量金银财宝，清朝出兵可获大利。不仅如此，吴三桂在信中还夸多尔衮是盖世英雄，请他一定出兵帮忙。

吴三桂在信中并没有让清军入山海关，而是走清军以前入塞的中协、西协，然后与他的关宁军分道南下，进攻北京，消灭李自成。吴三桂还说，事成之后，不仅会用大量的金钱报答北朝（吴三桂称清朝为北朝），而且还将"裂地以酬"，不过没说到底将赠给清朝多少土地。

但此时自身难保的吴三桂哪有什么筹码与多尔衮博弈。多尔衮马上回信说，听说明朝皇帝惨死，实在令人发指，他们现

---

[1]《清世祖章皇帝实录》卷四。

在"率仁义之师，沉舟破釜，誓不返旌，期必灭贼，出民水火"[1]。同时，他要求吴三桂立刻投降，并承诺封其为藩王。原来吴三桂打算两家联手出兵，然后用钱财和国土作为回报，但多尔衮料定吴三桂已经别无选择，要求吴三桂立即投降。这样一来，吴三桂就从合作伙伴降为多尔衮的下属。

清军随即改变行军方向，经辽西走廊直奔山海关而来。

四月二十日，清军行至连山（今辽宁省葫芦岛市连山区），收到吴三桂的第二封求援信函，吴三桂要求清军疾行直奔山海关。这次他不再要求清军迂回，因为李自成已经打到关门了。此时正在清军营中的朝鲜世子记录了这个过程。清军骑兵一昼夜急行一百公里，绕过了一直没有攻下的宁远城，直至山海关外十里许扎营，此时李自成已经从西面关内开始攻打山海关了，清军已经听到了关城的炮声。

四月二十一日，清军在山海关外的一片石（今辽宁省葫芦岛市绥中县）击败了李自成部下唐通的一支数百人的小股部队。第二天，多尔衮率清军抵达山海关外的欢喜岭，走投无路的吴三桂杀出重围，前来拜见，双方对天盟誓，关宁兵"各以白布系肩为号"以为识别。清军兵分三路从南水门、北水门与关中门第一次进入了这座天下第一关——山海关，决定李自成命运的山海关大战于当天拉开大幕。

---

1 ［清］佚名：《吴逆始末记》。

第三章　入主中原

很多人认为李自成是被清军突然袭击的，但事实并非如此，因为在前一天，唐通的军队就已经在关外的一片石与清军遭遇了。李自成大军从北山到海边，沿着山海关以西的石河列阵，关宁军则在东边依托关城列阵，清军向海对着李自成的阵尾。明末军队人数是个世纪之谜；而李自成军队人数有六万、十万、二十万等不同说法，但毫无疑问，这是李自成的主力，因为他深知关宁军战斗力强劲，不敢大意，于是亲率主力来打山海关。

此时山海关石河大战，吴三桂的关宁军先与李自成的军队激战至中午，突然刮起了沙尘暴，瞬时天昏地暗。就在这时，阿济格和多铎两兄弟率领两白旗为主的两万骑兵，从吴三桂阵右杀入战场。李自成骑在马上在高冈上观战，见此景大惊失色，赶紧策马转身下冈逃跑。见主帅逃走，李自成军气势顿消，全线崩溃。之后清军和关宁军这两个曾经的死对头联手追击李自成部二十多公里。

当时朝鲜世子正在山海关城内，为了防止被炮弹击中，他倚在城墙根的菜地里，不远处就是多尔衮的指挥部。多尔衮请世子相见，还未坐下，就起身上马要求他一起去观战，只见：

> 炮声如电，矢集如雨，清兵三吹角，三呐喊，一时冲突贼阵，发矢数三巡后，剑光闪烁。是时风势大作，一阵黄埃自近而远，始知贼兵之败北也，一食之顷，战场空

虚，积尸相枕。[1]

在此要特别强调，现在常有人把山海关大战误称为"一片石之战"。一片石在山海关外，位于今辽宁省葫芦岛市绥中县，而此次山海关大战的战场则是在关内，位于今河北省秦皇岛市的石河。前者在东，后者在西，两者一在关外，一在关内。不仅地点不一样，而且时间也不一样。一片石之战发生于四月二十一日，山海关大战发生于四月二十二日。战事规模相差更远，一片石之战是唐通部的几百人小股部队与清军前锋的交战，而山海关大战是三方主力超过十万人的大规模会战，不能张冠李戴。

据朝鲜史料记录，战后第二天，多尔衮向全军发布命令，言明以前征伐明朝都是为了抢东西，但今时不同往日，这次是为了"定国安民，以希大业"[2]，要在内地建立清朝的统治大业，所以进入关内后，除要求归顺的百姓剃头外，不允许随便杀人、抢掠人口、毁坏房屋、剥人衣服、抢老百姓的东西。满洲纺织业极少，衣服短缺，所以以前打完仗，清军士兵喜欢把明朝士兵尸体上的衣服剥下来穿，也喜欢抢老百姓的衣服，因而这次多尔衮特地强调不能抢老百姓的衣服。

---

[1] ［朝］佚名：《沈馆录》卷七。
[2] 同前注。

很显然，清军此次入关的目的与以前完全不一样，是为了夺天下，这真是目的决定手段的最佳体现。

山海关大战后，清军与关宁军穷追不舍，退回北京城的李自成将采取什么样的措施挽救败局呢？

建都北京还是返回盛京？

山海关之战大败后，李自成退回北京。当时北京有民谣"自成割据非天子，马上登台未许年"，意思是李自成登基不会超过一年。实际上，他登基仅有四十二天，一个多月而已。

之后李自成决定撤离北京回西安。崇祯十七年四月二十九日，他匆忙在紫禁城武英殿举办了登基大典。而此时，清军正从山海关向北京进军。他们走的不是通常的大路，因为李自成军队往返后，大路沿途已经寸草皆无，连马都没有吃的了。

据朝鲜世子的记录，崇祯十七年四月三十日清军行进到蓟州时，有一百多名李自成军中的士兵来投降，告知清军首领李自成要撤离北京的消息。多尔衮听说李自成要跑，赶紧派阿济格、多铎、吴三桂率领精锐骑兵追击，自己率大军随后急行军，于五月初二由朝阳门进入北京城。

多尔衮进入北京城时，用明朝皇帝才能用的黄仪仗作为前导。到紫禁城时，明朝的锦衣卫用皇帝的黄屋轿和黄仪仗迎接他，从长安门进入，到武英殿下轿。城里有人"燃香拱手"，还有人山呼万岁，城中大小官员及宦官七八千人，都来朝拜。

为什么多尔衮要到武英殿而不是到正殿皇极殿呢？因为此时的紫禁城几乎被李自成烧光了，只有武英殿和内外金水河上的玉石桥还在。朝鲜世子还记录了一个非常惊人的细节，说"烧屋之燕，差池上下，蔽天而飞"[1]，意思是说紫禁城原来房屋众多，很多燕子在房梁上筑巢，现在大部分屋子都被烧光了，只剩一座武英殿，致使燕子只能在紫禁城上空盘旋，数量之多，把天都遮住了，场景非常震撼。

现在有一种说法认为，其实建极殿没有被烧毁，清朝时改名叫保和殿，证据就是后人在房梁上发现了"建极殿"三个字。我认为这个说法并不可信，因为清朝重修保和殿时，使用了明朝留下的旧料。根据朝鲜人的目击记录，建极殿也被毁了，否则多尔衮也不会跑到偏于西南一角的武英殿。

明末紫禁城的三大殿（皇极殿、中极殿和建极殿）是魏忠贤花费了六百多万两白银为天启皇帝重建的。当时为了修殿，甚至不惜克扣九边军饷，结果仅过了十七年，三大殿就被李自成一把火烧成了灰烬，很是凄凉。

进城以后，多尔衮即着手安定人心。当时京城很多老百姓，假借举报贼寇，把自己的仇人说成是"流贼"，弄得整个北京

---

[1]《朝鲜王朝实录·仁祖实录》卷四十五。

城人心惶惶。多尔衮下令禁止，社会逐步安定下来。

随后，多尔衮又下了一道命令，明朝各个衙门的官员，只要肯剃发归顺，一律照旧录用。原来是尚书，现在还是尚书；原来是将军，现在还是将军。朱姓王公如果肯归顺，也照旧保留爵位。总而言之，前朝官员只要穿上清朝的官服，不仅不治罪，还全部照旧录用。这个收买人心的做法就和李自成完全不一样。李自成进入北京城，首先把有头有脸的官员抓起来拷打，逼其交钱保命，总共打死了一千多名官员，还杀了很多藩王。

然后，多尔衮又马上派人到北京周边的州县、城堡、关口，告诉那里的地方官和驻军，只要肯剃发归顺，清朝既往不咎，保留原职。

这样一来，多尔衮很快就全盘接管了明朝的中央政府，包括中央各机构和绝大多数的官员。这一点非常重要。因为绝大部分满族人不会讲汉语，而且对汉地的风土人情、气候地理等完全不熟悉，所以必须要依靠大量汉族官员。从这点说，多尔衮要感谢崇祯皇帝，是他坚决不逃跑、不南迁，原原本本地把完整的明朝中央政府、机构以及官员们留在了北京，留给了多尔衮。

多尔衮收买人心的另一个重要举措是令全城官民为崇祯皇帝服丧三日。

五月初四，多尔衮下令，"流贼"李自成逼陷京城，弑主暴尸，残酷搜刮诸王、公主、驸马、官民的财货，人神共愤，他也感到很悲伤，所以要求全体官民为崇祯皇帝服丧三日，以展舆情。多尔衮此举就是告诉天下，明朝的皇帝是被李自成逼死的，明朝的天下是被李自成毁掉的，而不是清朝。

李自成逃出北京后，一路上非常狼狈。当时有一位叫边大绶的地方官，在李自成军撤到真定（今河北省石家庄市正定县）时被俘。据其记载，李自成军十分狼狈，毫无纪律，而且每十个兵就挟带妇女三四人。此景令边大绶非常愤恨，直言不敢相信这群鼠辈居然能所向披靡，攻破北京，把皇帝逼死。

前面说到，多尔衮在蓟州听说李自成要跑的消息后，马上派吴三桂和阿济格、多铎一起率精兵追击。五月初八，他们在河北庆都追上了李自成。李自成军大败，抢来的辎重财宝被清军俘获，接着又在真定大败，只好从井陉越过太行山逃到了山西，于是整个直隶就归顺了清朝。

据朝鲜史料记载，从北京至保定，正常是七天的路程，而吴三桂和阿济格等只用了三天时间。五月十二日，他们又返回北京。

《清实录》中记录了一个有意思的细节。阿济格、多铎等进入北京城后，竟然对多尔衮行三跪九叩礼。正是多尔衮果断的决策和放手一搏的勇气，让清朝成功入主北京，因此，此时的多尔衮已经拥有了崇高的威望。

当时朝鲜国王与曾在北京的目击者赵锡胤讨论清军入关后

第三章 入主中原

的形势。赵锡胤说，清军入关之初严禁杀掠，所以中原的民众大多心悦诚服，但是后来被要求剃头，就激发了民众的愤怒。但这个朝鲜人不知道的是，多尔衮在五月二十四日已经非常灵活地暂时废除了剃发令。他说自己是来解救明朝百姓于水火的，要求剃发只是为了区分谁归顺了，既然大家不乐意，以后大家就照旧束发，随大家的便吧。可见，多尔衮在政策上是很务实、灵活的。

占领北京后，清朝最高层面临一个重要的选择：留在北京还是返回盛京？

这段历史在清朝史料中几乎没有记录，反而是朝鲜史料中有记载。朝鲜史料讲，八王阿济格要求弟弟九王多尔衮不要在北京建都，说满族人少，汉族人多，留在关内很危险，不如趁此兵威，大肆屠城，再派几个王爷驻守北京，大军还是回到盛京去，在东北过小日子挺好的。

但多尔衮明确反对，说先皇帝皇太极明确说过，"若得北京，当即徙都，以图进取"[1]，所以必须留下，两兄弟甚至为此吵了起来。

阿济格作战极为勇猛，攻城陷阵，无往不胜，屡建军功，但没什么政治头脑，考虑问题粗率。他看来年纪近五十岁，实际上当时只有四十岁，得过天花，麻脸，身材魁梧，眼神令人望而生畏。

---

[1] 吴晗：《朝鲜李朝实录中的中国史料》第九册。

六月十一日，多尔衮拍板决定建都北京，不回盛京了。他说北京自古就是王兴之地，定都北京才能统治天下四方。盛京毕竟偏居关外，难以统治中原地区。再则对于满族人来说，北京离东北也不远，可进可退。

显而易见，作为政治家的多尔衮，其战略格局远胜于他的兄弟们。但是，迁都北京的阻力很大，很多满族人并不想迁，所以当时说满族人会在七八月间回盛京的谣言非常流行。很多八旗兵到了北京后，水土不服，思念家乡，大多数人的妻儿老小还在辽东。此时正值秋收之际，很多兵士又说要回去割麦，不愿意迁居。对此，多尔衮特地下令辟谣，说不回盛京了，各级官员和士兵们都把妻儿老小接到北京。多尔衮不顾大家的抱怨和反对，果断决定让小皇帝从盛京迁到北京。

顺治元年（公元1644年）八月二十日，顺治皇帝一行自盛京迁都北京，路上走了一个月，九月十九日经正阳门入宫。十月初一，顺治皇帝在皇极门（清朝改为太和门）第二次即皇帝位，上一次即位仪式是上一年八月二十六日在盛京。这次即位诏中有一句话很重要："仍建有天下之号曰大清。"明白无误地宣告清朝要统一中国，而不再是偏居东北的地方政权了。

此时清朝占有关内的直隶、山东以及山西的部分地区，此次清军入关，定都北京，向天下明确表达了清朝要取代明朝占有天下的决心与信心。在短短的半年内，清朝自盛京出兵山海关、招降吴三桂、占领北京、击败李自成、将顺治皇帝迁往北京，证明了多尔衮极具战略眼光，具有强大的执行力。皇太极去世后，清朝最高层非常明智地推选多尔衮作为最高领袖，他也不负众望，将清朝从一个东北地方政权升级为一个强大的新王朝。

第四章 天下归一

明、清、农民军"三国志"

顺治皇帝入关，在北京举行新的登基大典。由于北京城的宫殿、九门城楼几乎全部被李自成放火烧毁，所以顺治皇帝的登基仪式并不是在太和殿（俗称金銮殿）举行的，而是在皇极门，即后来的太和门。顺治皇帝在北京再次登基，就是公开宣告，清朝要一统天下，绝不会允许有任何敌对势力存在，尤其是那些奉明朝为正统的势力。

此时清朝在关内的统治范围仅局限于直隶、山东和山西部分地区。在河南、陕西、四川有李自成的大顺政权、张献忠的大西政权，江淮以南还有以南京为首都的南明政权，这些无疑都是清朝的敌人，清朝不可能与其并存。多尔衮决定首先消灭逃回西安的李自成。

顺治元年十月，清军分别由阿济格、多铎率领进攻李自成。阿济格军由宣府、大同以北的塞外进军，多铎南下经潼关进军，两路夹攻，中间还有叶臣领军进攻山西。

三路军进展都非常顺利。北路阿济格占领了延安。李自成军的李锦据守延安和肤施县城，互为犄角，阿济格分兵包围了二十多日无果。之后阿济格采用声东击西的策略，清军佯攻肤施,而暗里主攻延安,并用红衣大炮轰城。李锦不能守,弃城逃跑,清军追击,斩杀、缴获无数。

之后南路清军在潼关外多次与李自成手下的第一员大将刘宗敏展开野战。清军骑兵在野战上具有的极大优势,独步天下。刘宗敏多次与清军骑兵交手,没有一次能打胜仗。

潼关是一个极为险要的关隘,光靠骑兵是打不下来的。顺治二年(公元1645年)正月初九,清军的红衣大炮运达。在清军红衣大炮的轰击下,李自成军防守不住,清军冲进了潼关。潼关是扼守关中的要塞,过了潼关就一马平川,清军直接冲进关中平原,一个星期后就打到西安城下。

眼看守不住西安,李自成把宫室(明代秦王府)烧了,带着家眷、财货出蓝田,逃往商州。

阿济格率领清军穷追不舍,李自成连战皆败,一路后撤。但就在这种溃逃的状态下,李自成军却在长江中游击败了号称有十万兵力的明军左良玉部,占领了武昌,并准备东下攻取南京。由此也可见明军残部战斗力之低下。

清军继续追击,李自成军又是连战皆败,不断溃散。顺治二年五月,在湖北九宫山,仅率二十来人的李自成被当地乡民武装杀死。

清军阿济格奏报说,李自成出逃西安时,带兵十三万,攻占湖北后,又收降襄阳、荆州等地的守军七万,共计二十万。清军一路上大败李自成军八次,李自成逃入九宫山,清军搜山无果。后来据降卒说，李自成被村民围困后上吊自杀，但尸体腐烂无法辨识。所以清军并没有李自成下落的确凿消息，只是听说。

明朝湖广等地总督何腾蛟在明隆武元年（清顺治二年，公元1645年）的奏疏中说，李自成率领二十八骑兵进九宫山，在侦察的时候遭遇伏兵，被乱刀砍死。

何腾蛟是怎么知道这个消息的呢？原来李自成的干儿子张鼐也跟着李自成进九宫山，并目睹了李自成被杀。他骑马跑到湖南后，投降了何腾蛟，告知了李自成的死状。其他降将如郝摇旗等众口一词，都说李自成确实被当地的乡民杀了。但何腾蛟也没找着李自成的首级，因为湖北那时候已经被清军占领了。

清初著名学者费密在其所著的《荒书》中描写了李自成被杀的经过：李自成带着十八骑由通山县过九宫山，山民听说有贼兵，就一起上山将其打散。当时正在下雨，李自成独自跑到小月山牛脊岭，撞见了山民程九伯，二人展开肉搏。两人摔打到泥潭里，李自成把程九伯坐在身下，准备抽刀砍杀，但因刀上沾有血块，又糊上了泥浆，所以一时间拔不出来。程九伯大声呼救，他的外甥金某赶来，用锄头把李自成打死。

顺治二年七月十五日，江西湖广等八省总督佟养和上任后，派人到通山县查访，找到击杀李自成的程九伯。作为奖赏，清朝任命程九伯为德安府经历。康熙《通山县志》和《德安府志》中，对此也有相关的记录。

清军后来俘虏了李自成的两个叔叔及其他亲属，又抓了刘宗敏，将其当场处决。清军另外俘获骆驼三十一头、马骡六千四百五十四、船三千一百零八艘。

消灭李自成后，阿济格又降服了长江中游的明军左良玉部。当时左良玉已死，其子左梦庚带领马步兵十万人、大小船只四万艘全部投降。一路下来，清军占领了河南十二座城、湖北三十九座城、江西六座城、南京所辖六座城（当时南京是明朝的一个省级行政区域，此处不是专门指南京城，也包括江苏和安徽，合称南京，俗称南直隶），共计六十三座城。

清军追击李自成的战斗过程，展现出了骑兵加大炮的威力。清军有了红衣大炮，李自成想通过城池固守已不可能。另外，李自成部野战也不是清军骑兵的对手，逃跑则很难逃脱骑兵的追杀。

李自成死后，剩下的农民军主要就是张献忠部。张献忠是明末农民起义军的第二大势力，李自成占领了北方，张献忠南下从汉中打到了四川，占领了成都。成都号称"天府之国"，是明朝重要的经济基地。崇祯十七年，张献忠在成都称"大西皇帝"。到了南明弘光元年（清顺治二年，公元1645年），南明军开始反攻，占领了四川东部和中部。张献忠感觉守不住成都了，于南明隆武二年（清顺治三年，公元1646年）七月率军北上，两个月后，南明参将杨展率军进入成都。

顺治三年十一月二十六日，靖远大将军、和硕肃亲王豪格，率军抵达四川北部的南部县，发现张献忠在西充县，于是派出精锐骑兵一昼夜疾行三百里，第二天（公元1647年1月2日）黎明抵达西充县凤凰山。

传教士利类思和安文思的记载详细且生动。公元1647年1月3日（和清军记录差了一天），两位传教士想去营房见张献忠，正好侦察兵飞奔来报，说营前高山上有清兵四五人，各骑骏马[1]。张献忠听了大怒，认为侦察兵胡说八道，清兵不可能来得这么快，要砍掉侦察兵的脑袋。幸而有人求情拦下。张献忠根本不信，然后去审讯一名前天逃跑的官员的妻子，又耽搁了半个小时。此时清军大队人马已到营房对面大山的背后。

之后又有侦察兵急报，说清军马队出现在对面山上。张献忠还是不相信，他没穿盔甲，也没带长枪，只带了一支短矛，连同小卒七八人以及太监一人骑着马出去了。

张献忠立马在一个小山冈上探望，突然一支箭飞来，从左侧射入张献忠肩下，穿透心脏。张献忠顿时倒地，鲜血喷涌，痛苦而死。随行的太监见状，慌忙跑回营中，大叫：大王被射死啦！各营听到消息，立刻各自逃命，作鸟兽散。清军骑兵随即开始四下追杀，斩首数万。

两位传教士也被清军俘获。因为他们认识德国耶稣会传教

---

[1] 这是清军骑兵的战术，先派几个人打前锋，侦察敌情。

士汤若望,而汤若望是豪格的熟人,又是顺治皇帝的导师,所以这两名传教士被豪格带到了北京。如若不然,我们今天就看不到《圣教入川记》,也就看不到上面这段记录了。

关于这本书,也有一些有意思的故事。这本书是1907年在上海徐家汇天主教堂被神父古洛东发现的。书是用拉丁文写的,会中文的神父把它翻译成中文,出版于1908年。所以那些认为这本书是为了讨好清朝官方的说法可以休矣。

当时正在中国的意大利传教士卫匡国也认识利类思和安文思,两人就把这本记录给了卫匡国。卫匡国据此写了一本记载了大量清军暴行的《鞑靼战纪》,于1654年在比利时安特卫普出版。

这两名传教士后来在北京的经历也很传奇,他们结识了一系列重要人物,如顺治皇帝。他们后来成了佟图赖的家奴。佟图赖有两个著名的儿子佟国纲和佟国维,一个著名的孙子隆科多,还有一个著名的外孙康熙皇帝。利类思和安文思和他们都很熟悉。郑成功的父亲郑芝龙当时被清军扣押,在北京还资助过这两名传教士。肃亲王豪格家和佟家还捐助他们建造了北京王府井的东堂。

清康熙年间,西充人李昭治在《西充凤凰山诛张献忠记》中描述了张献忠被射杀的过程。书中说张献忠的手下刘进忠投降清军,并做了征讨张献忠的先导。一开始哨兵报告说清军来了,张献忠大怒,骂他胡说八道,杀了哨兵。后来清军逼近,哨兵再次报告，张献忠又把哨兵杀了。张献忠"不披甲，衣常服"，带着牙将就出营视察，与清军隔太阳溪相望。刘进忠指认说，这就是张献忠。于是一个叫南伊马喇的清军，搭弓射箭，一箭射穿张献忠左乳下方，使其坠马而死。这和传教士的记录几乎完全一致，而且极具画面感。

顺治三年十二月，清朝派遣参将赵荣贵第一次杀入成都。这个名声在外的天府之国，战乱之后不仅"千里无烟，无所设施"，并且还"尸骸遍野，荆棘塞途"，曾经的亭台楼阁里也只有"狐兔蓬蒿"。

清军与川南、川东的明军拉锯了十三年，直至顺治十六年（公元1659年）才最终占领整个四川。

桃花扇底送南朝：弘光政权的灭亡

现在我们将目光转向在南京的弘光政权。崇祯皇帝自杀后，太子朱慈烺、永王朱慈炤、定王朱慈炯，或被清军俘获，或下落不明。于是在南京的大臣们决定拥立新的皇帝，但在人选上产生了分歧。一派以凤阳总督马士英为首想拥立血缘最近的福王朱由崧，他是万历皇帝的孙子、崇祯皇帝的堂兄；另一派以南京兵部尚书史可法为首想拥立潞王朱常淓，他是万历皇帝的侄子、崇祯皇帝的堂伯。相对于福王，潞王的血缘关系稍微有

第四章 天下归一

点远。史可法反对拥立福王,认为福王"在藩不忠、不孝,恐难主天下"[1]。

不过,最终还是立了福王朱由崧,道理很简单,一是朱由崧有军队的支持,另外正如淮扬巡抚路振飞所说"议贤则乱、议亲则一,现在惟有福王"[2]。因为贤与不贤其实没有一个客观标准,潞王朱常淓没有执过政,怎么知道一定比福王贤呢?而且万历皇帝的子孙很多,你今天说这个藩王贤,明天又说那个藩王更贤,谁也不服谁,最后只会导致天下大乱;而血缘关系的亲疏则是明确的,没有争议。这与历代皇帝选择接班人时"立长"还是"立贤"的思路是一致的。

当年因为万历皇帝想立非嫡非长的朱常洵(福王朱由崧的父亲)为太子,遭到了东林党朝臣的坚决反对,这一矛盾一直持续到了此时,因此有人认为此次又是东林、阉党之争,其实不是。有例为证,支持福王的淮扬巡抚路振飞当年是坚决反对为魏忠贤立生祠的,并不属于阉党。所以,我认为以党争解释历史容易流于简单化,历史的真实并非黑白分明。

崇祯十七年亦即顺治元年五月初二,群臣在南京拥戴朱由崧为"监国",而就在同一天,清朝摄政王多尔衮进入北京。到十五日辰时,福王即帝位于南京武英殿,诏以次年为"弘光

---

1 [清]计六奇:《明季南略》卷一。
2 同前注。

元年"，为明弘光皇帝。

明军此时在南京以北还据有江淮四镇，号称有二十万兵马；在长江中游的武昌，还据有宁南侯左良玉部，号称有十万兵马。加起来三十万人，与清朝大体以黄河为界。李自成已经败逃到陕西，张献忠则占据了汉中与四川西部，此时明朝的形势看起来比当年靖康之乱后的宋朝要有利。

弘光政权当时的计划是联虏灭寇，即联合清朝一起消灭农民军，因此派遣兵部右侍郎左懋第为使者，陈洪范、马绍愉为副使，前往北京，通好议和。使者于十月初到达北京，封吴三桂为国公，并赏赐了很多白银。

明朝提出的议和条件是，清军退出山海关，关外土地归清朝；明朝每年送给清朝白银十万两，用来报答清朝帮忙消灭农民军。这一条件比松锦大战后的议和条件还宽松，但纯属明朝一厢情愿。此时已经占据北京、直隶、山东，而且气势正盛的清朝怎么可能会答应？

左懋第等到北京后还跟祖大寿、吴三桂等暗中联系，但遭到婉拒。祖大寿托词说没有机会报答，而吴三桂更是拒绝与明使见面，说清朝法令严明，怕被怀疑，但承诺以后不向明军放一箭，不过这也是糊弄人的话罢了。

明使后来被清军扣押，左懋第刚烈忠贞，多次拒绝清朝招降，最后在宣武门外菜市口被清军处死，陈洪范则逃回南京，马绍愉投降（马绍愉就是松锦大战后明清议和的代表）。

第四章　天下归一

九月，在议和使团还在前往北京的路上时，多尔衮就给史可法写信（史可法此时已经是大学士了），充分表达了清朝的基本原则与态度：

> 比闻道路纷纷，多谓金陵有自立王者。夫君父之仇，不共戴天。《春秋》之义，有贼不讨，则故君不得书葬，新君不得书即位，所以防乱臣贼子，法至严也。闯贼李自成，称兵犯阙，手毒君亲；中国臣民，不闻加遗一矢。平西亲王吴三桂，介在东陲，独效包胥之泣。朝廷感其忠义，念累世之凤好，弃近日之小嫌，爰整貔貅，用驱狗鼠。入京之日，首崇怀宗帝后谥号，卜葬山陵，悉如典礼；亲郡王、将军以下，一仍故封，不加改削；勋戚文武诸臣，咸在朝列，恩礼有加；耕市不惊，秋毫无犯。方拟天高气爽，遣将西征，传檄江南，联兵河朔，陈师鞠旅，戮力同心，报尔君父之仇，彰我朝廷之德。岂意南州诸君子苟安旦夕，不审事机，聊慕虚名，顿忘实害，予甚惑之！夫国家之抚定燕都，乃得之于闯贼，而非取之于明朝也。贼毁明朝之庙主，辱及先王；国家不惮征缮之劳，悉索敝赋，代为雪耻。仁人君子，当如何感恩图报？兹乃乘逆寇稽诛，王师暂息，即欲雄据江南，坐享渔人之利，揆诸情理，岂可谓平？将以为天堑足凭，遂不能飞渡耶？……诸君子果识时知命，笃念故主，厚爱贤王，宜劝令削号称藩，永绥福位，

朝廷当待以虞宾，统承礼物，带砺山河，位在诸侯王上。[1]

多尔衮信中的意思非常明确，清朝入关是为明朝报杀君之仇，清朝天下取自于李自成，而不是取自于明朝。李自成作乱，毁了明朝庙堂，明军自己不能抵抗，清军不计前嫌，帮助清除农民军，安葬崇祯皇帝，保护亲王百官，安抚百姓，不顾劳累替明朝雪耻。现在南京的明朝政权不仅不为皇帝报仇，反而自立为帝，是伪皇帝，实在是不忠不义。多尔衮现在警告史可法他们，赶紧投降，可保他们荣华富贵，否则清朝大军即刻南下讨伐。

史可法义正词严地回信驳斥多尔衮，说弘光皇帝即位顺天应人，合理合法，自己也将率军渡河北伐，光复故土：

二三老臣，谓国破君亡，宗社为重，相与迎立今上，以系中外之心。今上非他，神宗之孙，光宗犹子，而大行皇帝之兄也。名正言顺，天与人归。五月朔日，驾临南都，万姓夹道欢呼，声闻数里。群臣劝进，今上悲不自胜，让再让三，仅允监国。迨臣民伏阙屡请，始于十五日进位南都。……越数日，即令法视师江北，刻日西

---

[1]［清］计六奇：《明季南略》卷二。

第四章 天下归一

征。……法处今日，鞠躬致命，克尽臣节，所以报也。[1]

上述这两封信都写得文采飞扬。多尔衮不会汉语，他的信是松江府的李雯代笔写的，史可法的回信是"明末四公子"之一的侯方域执笔，李雯和侯方域还是好朋友。

此时，明朝的内乱没完没了，江淮四镇总兵之一的高杰被诱杀，明朝在江北的防线已经洞开。更为雪上加霜的是，据守长江中游的左良玉在李自成的威胁下，放弃武昌，挥师东下，以"救太子、诛士英"为由，讨伐南京，一路烧杀抢掠。为什么说"救太子"呢？当时南京城出现了一位自称是崇祯太子的人，叫王之明，被弘光皇帝关在牢里；还有一位自称是弘光皇帝之前在洛阳的妃子，叫童妃，被当成骗子拷打至死。左良玉以此为借口，质疑弘光皇帝的合法身份，原因很简单，绝对没有人会冒充人家妻子的，因为丈夫只要一出现就能证伪，所以左良玉的质疑不能说没有道理。洛阳沦陷的时候，福王是自己跑出来的，会不会有人冒充呢？所以，弘光皇帝这个人的身世是不是有问题，还真很难讲。

抗清没开始，自己先内战。马士英抽调江北的黄得功部队西进，在芜湖击败了左良玉军。

顺治二年三月，追杀李自成的多铎在攻下潼关后挥师南

---

[1] [清] 计六奇：《明季南略》卷二。

下，四月初五自归德府（今河南省商丘市）出发，渡过淮河，于十八日抵达扬州城下。史可法在四月二十一日的遗书中写道：清军已经进抵城下，虽然还没开始攻城，但人心已散，队伍没法带了。二十四日，清军动用红衣大炮攻城，不到一天的时间，扬州即告失守，大学士史可法被俘殉国。

除了黄得功部在芜湖迎击左良玉外，在江北的江淮四镇中的其他三镇纷纷投降清军，清军顺利从瓜洲渡过长江。

五月十四日，多铎率领清军抵达南京。

弘光皇帝在清军还在扬州时就已出逃，此时的南京不战而降，忻城伯赵之龙率礼部尚书管绍宁等出城迎接。当时正下着大雨，大臣们跪在泥泞的路旁，赵之龙等趴在地上匍匐前进，对多铎行四拜礼[1]，场面十分狼狈。

之前，多铎驻军南京城外时，赵之龙就打算投降，但很多人不愿意。赵之龙说服大家道：扬州已破，南京肯定守不住，要是不投降，南京难免要像扬州那样被屠城，唯有投降，方可保全百姓。

十九日，清兵和赵之龙一起进城。几日后，出逃的弘光皇帝也被俘押回。

之后赵之龙率先剃发，随后南京的国公们也纷纷剃头。多铎发布告示称，剃头这事是"薙武不薙文，薙兵不薙民"，叫

---

1 四拜礼是明代民间最隆重的礼仪之一，是一种谢罪礼。

大家不要自己随便剃；还说之前有"无耻官员先薙求见，本国已经唾骂"。由此可以看出，多铎很有手段，对于那些献媚投降的卖国贼，唾骂他们其实无所谓，但要安抚广大不愿投降的正直人士。

不仅如此，多铎还下令建史可法祠，抚恤其家属，表彰史可法的忠诚。之后还亲自谒见明太祖陵，行大礼，以收买人心。

南京不战而降，明朝在京的勋贵重臣们几乎集体降清，还有二十三名总兵以及马步兵近二十四万投降。黄得功战死后，下属部将也投降了清军。一个月后，已故的左良玉之子左梦庚领兵十万在九江投降了英亲王阿济格。至此，明朝的五大重兵集团全部降清。

清军消灭弘光政权可以说是不费吹灰之力，唯一像样的抵抗就是在扬州，但也只持续了不到一天。这表明，明朝的官员、将领已经完全失去了抵抗和胜利的信心，当他们认为抵抗没有任何胜利希望时，投降就变成了唯一的选择。李自成攻下北京时，自杀殉国的明朝大臣还有几十位；而南京陷落时，殉国大臣只有个位数。更可悲的是，这些投降的明朝官兵成了清军继续南下的急先锋与大屠杀的执行者。

南明为何如此不堪一击？此前已说过，明朝军队号称数量多至百万，但真正能作战的只有驻守在长城九边的军队，尤其以山海关、宁远、锦州一线的关宁军为最精锐，而内地的军队基本不堪一击。当边军被消灭殆尽，以祖大寿、吴三桂为首的关宁军残部投降了清军以后，明朝已经没有一支有战斗力的部队了，遇上清军只能望风而降，单靠史可法、黄得功等几位忠臣烈士难以挽回颓势。

另一个原因是崇祯皇帝耽误了自己和太子南迁，导致后来明朝分裂甚至内战，左良玉就是因为南来太子案和童妃案怀疑弘光皇帝的身份以及合法性而起兵，群臣也因为是否立福王而分裂。如果崇祯皇帝本人或太子南迁，也许这一切就不会发生。我虽然不认为这样做就能挽回大局，但起码不至于败得如此迅速。

弘光皇帝被俘，明朝想保住东南半壁江山的努力失败，亡国似乎已经不可避免。但形势却突然发生了变化，让明朝得以继续生存。

悲壮而绝望的抵抗

清军攻下南京消灭了弘光政权后，明朝所占据的江南地区当政者纷纷望风而降，由此清朝获得了当时最重要的经济基地，实力大增。

为什么清军镇压了李自成以后，立刻就要南下消灭弘光政权呢？因为弘光政权占据了江南地区，而太湖流域和长江三角洲一带是明朝的经济命脉，是最重要的经济基地。明朝不惜血

第四章 天下归一

本维护大运河的通畅，就是要把每年大量的漕粮和赋税运到北京。清朝接收了所有向其投降的明朝官员和军队，这么多人怎么养活？清军如果只占领华北一带是没有办法维持政权的，所以一定要占领江南。

顺治二年六月初五，认为天下已定的摄政王多尔衮撕毁了上一年五月刚进北京时发布的不必剃发的命令，要求各地文武军民，十天之内一律剃发。如果不剃发，就是有二心、不忠诚，将被军法处置，治以重罪，即俗称的"留头不留发，留发不留头"。

剃发令一下，立即激起了信奉"身体发肤受之父母"的江南民众的激烈反抗，其中尤以江阴、嘉定民众的反抗最为激烈。正是因为严酷的"留发不留头"政策，激起了强烈而广泛的反清浪潮，甚至逼得反明的前李自成、张献忠部也归顺明朝共同抗清，使得原本奄奄一息的明朝得以延续。

已经身为清朝大学士的洪承畴，于顺治二年闰六月被任命为总督军务，招抚江南各省，铸"招抚南方总督军务大学士"印，赐敕便宜行事，率领清军前往消灭江南地区的明朝政权与反清力量。

在永历皇帝之前，还有一位年号隆武的皇帝朱聿键，他原为唐王，是明太祖朱元璋的九世孙，崇祯皇帝的远房叔祖。顺治二年，弘光皇帝被清军俘虏后，由商船主出身的郑芝龙等人拥立他在福州登基称帝。一年后，清军从浙江仙霞关攻入福建，郑芝龙投降，隆武皇帝被俘后被杀。就在这短短一年中，明朝藩王之间还要打内战，隆武政权与在浙江的明鲁王朱以海政权发生了激烈冲突。鲁王也是明朝远支的皇室，第一代鲁王是朱元璋的儿子。隆武皇帝被杀后，桂王朱由榔于公元1646年、清顺治三年在广东肇庆称帝，年号永历。他是明朝自甲申国变以后，在位时间最长的一位皇帝。

此时明朝的正规军队几乎全部投降了清朝，并成为进攻明朝的急先锋。他们降清以后，反过来攻打明朝时变得更加凶残。为什么呢？为了向自己的新主子表达忠诚。而这时保卫明朝的主力竟然是归顺的郑芝龙父子，张献忠的养子孙可望和李定国率领的大西军，以及李自成的余部，其中作战最有力、影响最大、实力也最强的是张献忠的养子孙可望和李定国率领的大西军。这一切看似非常荒谬，自己的军队变成了敌人，原来的敌人变成了自己的护卫。

随着清军的不断进攻，明朝的统治范围逐步南退，广西桂林、湖南衡阳一带成了明清两军的主战场，而清军的进攻主力也不是原来的满族人了，而是明朝的降军，主要是"三顺王"以及平西王吴三桂。多尔衮将原来的恭顺王孔有德改封为定南王、智顺王尚可喜改封为平南王、怀顺王耿仲明改封为靖南王，定南、平南、靖南，就是让他们去消灭南方的明朝政权。此时的明清战争已经变成了投降清朝的前明军队与效忠于明朝的军队之间的战争，真是莫大的讽刺。

就在这风雨飘摇之际，永历皇帝刚即位就派遣亲信司礼太监庞天寿和传教士毕方济至澳门借葡萄牙兵三百名,携带大炮和火器来保卫桂林,随军神父瞿纱微也一起到来。

永历元年(公元1647年),大学士瞿式耜及勇将焦琏用西洋火器在桂林多次击败孔有德、尚可喜、耿仲明率领的清军骑兵。多种中文史料记录了明军用"西洋铳"击败清军,也提到了瞿纱微,但并未提及葡萄牙兵参战。

十多年前,崇祯初年明朝就曾正式向澳门借兵,却因为遭到保守派的激烈反对而流产,几百名配备了西洋火器的士兵已经走到南昌却被遣返。而那时明朝在关外的领土一直到大凌河,关内的农民起义还不成气候,如果那时真的如徐光启建议的那样,加紧训练装备出一支几万人的"葡械师",而不是形成路径依赖,被清军一次次围城打援、消灭精锐,这样说不定能挽回明朝的命运呢!而今明朝已经从山海关外退守至两广、云南,区区几百名葡萄牙士兵已经于事无补。

"流寇"还是"建虏":明朝究竟亡于谁手?

明朝的抵抗曾一度获得了几场胜利,郑成功的水师从东南沿海一度攻到南京,清顺治皇帝甚至为此要逃出关外。明永历六年(公元1652年),李定国攻克桂林,逼得定南王孔有德举火自焚,并在衡阳伏击、阵斩努尔哈赤的孙子、敬谨亲王、定远大将军尼堪，"两蹶名王，天下震动"，抗清形势一度好转。但好景不长，明朝的两大支柱孙可望、李定国之间发生了激烈内战，战败的孙可望投降了清朝，获封"义王"，是清朝仅有的五位汉人王之一。

清顺治十一年（明永历八年，公元1654年），洪承畴又被任命经略湖广、广东、广西、云南、贵州等地方，总督军务兼理粮饷，敕谕抚镇以下咸听节制，攻守便宜行事，成了整个南方地区的清军统帅。

在洪承畴的指挥下，清军大举进攻已经退守四川、贵州、云南等地的明朝军队，吴三桂率军进攻云南，永历皇帝逃至缅甸。此时洪承畴上疏要求暂缓进攻缅甸，理由是军饷和后勤压力太大。

洪承畴后因眼疾解职回京。在洪承畴离开之前，吴三桂向他的老上级请教自保之策，洪承畴说：不可使滇一日无事也。吴三桂顿首受教，但并没有按照洪承畴的意思做。洪承畴回京之后就向顺治皇帝建议，云南太过偏远，请效仿元明时期的做法，派王公坐镇云南。顺治皇帝同意了，并任命吴三桂以平西王的身份镇守云南。吴三桂为了表达对清朝的忠诚，彻底肃清明朝残余势力，再三请求出兵缅甸，抓捕永历皇帝，不过清廷一直未批准。直至顺治十七年（公元1660年）二月，吴三桂又上"三患二难"疏，极力要求出兵，才获准进军缅甸。

吴三桂不会不明白"狡兔死、走狗烹"的道理。临行前，

第四章　天下归一

洪承畴劝吴三桂要让云南无一日太平，这样才能自保，实际上是一种"养寇自重"的策略。顺治十八年（永历十五年，公元1661年），吴三桂逼近缅甸首都阿瓦时，永历皇帝曾写信给吴三桂，也表达了这个意思，说如果对残明势力斩草除根，看似对清朝表示忠诚，但会害了吴三桂自己。因为一旦明朝残余势力被肃清，吴三桂对清朝也就没有什么利用价值了，反而成为其一个潜在威胁，因而必然遭难。

既然如此，为什么吴三桂还急不可耐地要消灭永历皇帝以及明朝流亡政府呢？难道仅仅为了对清廷表示忠诚？按照一百多年后乾隆皇帝的说法，当时吴三桂已经打算割据云贵地区，所以他势必要肃清云贵地区及周边的明朝残余势力，否则无法割据。

我们再回头看永历皇帝。

虽然永历六年李定国"两蹶名王"，连续击毙了定南王孔有德和敬谨亲王尼堪，抗清形势一度好转，但由于孙可望、李定国之间的内战，失利的孙可望转而投降了清朝，云贵地区军事情报全部为清军掌握，所以形势又急转直下。明永历九年（公元1655年），李定国把永历皇帝送到云南昆明。永历十二年（公元1658年）十月，清军兵分三路攻入云南，云贵沦陷。十二月十五日，永历皇帝在李定国的保护下，由昆明撤到永昌，再经腾越逃到缅甸境内，被缅甸国王莽达喇收留。

初到缅甸时，缅甸国王对永历皇帝还算友善，毕竟李定国还有数万军队在滇缅边境作战。但随着李定国军作战失利，力量逐步被削弱，加上李定国、白文选多次进兵缅甸救主，双方兵戎相见，关系逐渐恶化。

永历十五年（清顺治十八年，公元1661年）正月，缅甸国王莽达喇派使者到云南找到吴三桂，提出可以把永历皇帝交给清军，条件是要求清军进攻李定国、白文选的明军。

五月二十三日，缅甸国王莽达喇的弟弟莽猛白，在廷臣支持下发动宫廷政变，杀了他哥哥，自立为王。

莽猛白在七月十八日发动了"咒水之难"。哈威的《缅甸史》也记录了此事。缅甸当局因李定国、白文选多次领兵入缅救主，怀疑永历皇帝也参与其中，于是决定把永历皇帝叫到实阶，饮咒水为盟，并把永历皇帝及随员遣散到各个村庄生活。众人看出有诈，不愿意赴约，但又不敢不去，最后选派黔国公沐天波等四十二名官员前往。沐天波是最后一代黔国公，是沐英的后代；沐氏镇守云南将近三百年，在东南亚都有崇高的声望。第二天，沐天波等到达缅军驻地，被缅军包围。缅军准备把沐天波带走，沐天波怀疑有诈，于是拔卫士刀反抗，其他随行官员也随即反抗，但遭到缅军枪击（十七世纪火枪在东南亚已经非常普遍了），没打死的全部被砍头。随后，缅军又赶往朱由榔住处，追杀随从三百余人，只留下了永历皇帝一家及随从二十五人。这时候永历皇帝很可怜，缅甸把他一家安置在阿瓦郊外的河对岸，给了他四间茅草屋，还用竹篱笆围起来，真是"寄人篱下"了。

"寄人篱下"的日子又过了大约半年,十二月初一,清军迫近缅甸阿瓦。一队缅甸士兵突然来到永历皇帝的住地,告知清军已到,自己要去打仗了,让他们赶快转移。说完,七手八脚地把永历皇帝连同座椅抬起就走,并把太后、皇后、太子朱慈煊和其他随从一并带走,渡河送给了清军。

俘获永历皇帝以后,顺治皇帝下旨奖赏吴三桂,加封吴三桂为亲王。不过一个月后,顺治皇帝就死了,年仅八岁的康熙皇帝即位,由索尼、鳌拜、苏克萨哈、遏必隆四大臣辅政。

第二年(明永历十六年,清康熙元年,公元1662年),永历皇帝在昆明被吴三桂用弓弦绞杀,终年四十岁。

吴三桂认为如果把永历皇帝千里迢迢押送到北京,怕在半路上出事被人救走,所以就地将其处决。行刑前,吴三桂主张将永历皇帝拖出去砍头,但满洲将领不赞成。爱星阿说,永历毕竟曾是中国之君,斩首未免太惨,赐自尽才比较得体;安南将军卓罗也说,一死而已,何必如此残忍,毕竟也曾是君王,应留个全尸。

在满洲将领的反对下,永历皇帝父子才没有被斩首,而是被抬到昆明箅子坡小庙内,用弓弦勒死,然后在北门外火化。第二天,清兵至火化处拾取大骨携回作证。

也是在这一年,郑成功、李定国、鲁王朱以海等相继去世。

我认为,《清史纪事本末》中有一句话对于明朝存续时间的表述非常恰当，"明自太祖至此凡十八帝，二百九十四年，至是亡"。就是说，明太祖至此共计十八帝，二百九十四年，即认定明朝的存续时间是从1368年明朝建立，到1662年正式灭亡，合计二百九十四年，加上弘光、隆武、永历三位皇帝，共计十八位皇帝。

《朝鲜王朝实录》中也有记载："清兵入小云南，执永历皇帝以归，大明绝不祀。"即永历皇帝之后，再也没有人给明朝以祭祀，明朝就真正灭亡了。

现在非常流行的一种说法，认为明朝亡于1644年，即明崇祯十七年、清顺治元年，以李自成率军攻克北京、崇祯皇帝上吊自杀为标志。为什么这个观念会如此流行呢？我认为这其实是清朝官方精心编造的一个政治谎言。

早在顺治元年（公元1644年）六月二十七日，清军入关占领北京不到两个月，摄政王多尔衮就派降清的大学士冯铨祭故明太祖及诸帝：

> 兹者流寇李自成颠覆明室，国祚已终。予驱除逆寇，定鼎燕都，惟明乘一代之运以有天下，历数转移，如四时递嬗，非独有明为然，乃天地之定数也。[1]

---

1 《清世祖章皇帝实录》卷五。

第四章　天下归一

这篇政治宣言告诉天下人，明朝是被李自成所灭，与清朝无关。清军入关是为了消灭明朝的死敌李自成，是在帮明朝报仇。而明朝灭亡是天注定，并非清朝所灭，清朝定都北京是顺天意。

清朝的这套说辞很有效，很大程度上打消了明朝大臣和老百姓对清军的抵触情绪，而且给洪承畴、吴三桂等降将一个心理上的解脱。明朝投降的官员和将领们就可以自我安慰：明朝已经灭亡了，旧主崇祯皇帝已经自杀，投降清朝是为故主报仇。有了这套说辞后，明朝官员和将领降清的心理障碍就小得多，所以南京沦陷的时候，殉国的官员屈指可数，大多数都选择了投降。

在给史可法的信中，多尔衮又一次强调："国家之抚定燕都，乃得之于闯贼，而非取之于明朝也。贼毁明朝之庙主，辱及先王；国家不惮征缮之劳，悉索敝赋，代为雪耻。"[1] 按多尔衮的说法，清军辛辛苦苦入关是为了替明朝报仇，毁明朝江山和宗庙的不是清军，而是李自成；清朝的天下不是取之于明朝，而是得之于李自成，清朝是为明朝报仇雪耻，是明朝遗民的恩人。

对于弘光政权，多尔衮的说辞又是什么呢？他说，李自成等并未得罪清朝，但是他们作乱，所以清朝出来伸张正义。而

---

[1]［清］计六奇：《明季南略》卷二。

弘光等明朝的藩王们，不仅没有想着给崇祯皇帝报仇，还擅自称帝，他们是伪皇帝、伪政权。

清朝官方编写的《明史》更是忠实遵循这一原则，皇帝本纪止于崇祯皇帝，甚至将明朝灭亡的原因直接上溯至崇祯的爷爷、明神宗万历皇帝："故论者谓明之亡，实亡于神宗。"[1]意思是说明朝在万历年间已经名存实亡了，理由是朝臣结党营私、相互攻讦，以至于国运溃败，不可挽救。其言下之意是，明朝亡于万历年间的党争，与清朝无关。清朝的统治者反复论证和宣传这套说辞。

原因的原因不是原因，这一将明亡归咎于万历皇帝及朝臣内斗的说法完全不顾万历皇帝驾崩时离明亡还有四十多年、离起义的农民军攻占北京还有二十多年的事实。实际上，清朝才是明亡的最直接、最重要的原因。而清朝坚持认为明朝亡于李自成，亡于崇祯十七年的根本原因，是为了撇清灭亡明朝的责任，因为只有这样，才能合法化、正义化清军入关消灭明朝的军事征服行动。相应地，也可污名化明朝军民抵抗清朝的行为，史可法、郑成功、李定国、焦琏以及江阴、嘉定民众的顽强抵抗就变成了逆历史潮流而动，抗拒合法正统的清朝一统天下。

弘光、隆武、永历三位明朝皇帝以及忠于明朝的军民绝对不会认为明亡于崇祯十七年，也绝不会承认自己是什么所谓的"南

---

1 [清]张廷玉等：《明史》卷二十一，《光宗本纪》。

明",他们当然是"大明","南明"不过是后人给贴的标签。

我认为,如果认为明朝灭亡于1644年的农民起义,那么置这些在1644年之后,顽强抵抗、殉国的明朝忠臣烈士于何地?很多人从心理上无法接受最后一个汉族人王朝竟然被一个渔猎部落灭亡的事实,所以情愿接受清朝的政治宣传——明朝是被李自成灭亡的。但这是鸵鸟心态,将首都陷落、皇帝自杀等同于政权灭亡,而不顾明朝此时仍然统治着大半个中国,以及明朝最主要的军事力量都是被清军消灭,三个皇帝被清军俘杀的事实。

拓土

下篇

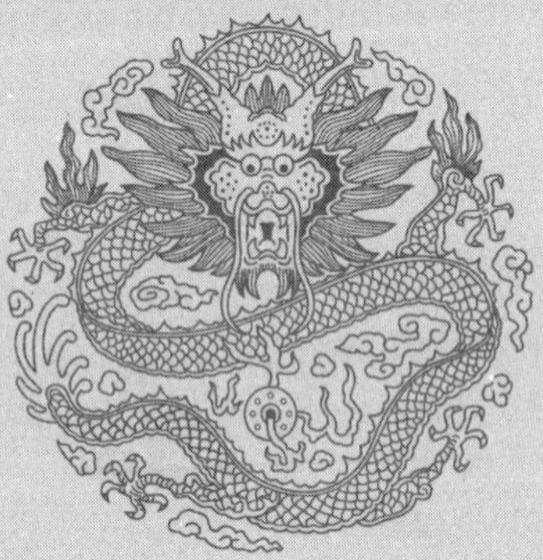

第五章 『南不封王,北不斷姻』

统一台湾：耕凿从今九壤同

台湾、澎湖等岛屿是中国东南大陆架的延伸，大约在一万多年前，随着冰期结束，气候变暖，海平面抬升，淹没了福建和台湾之间的低地峡谷，逐渐形成了今天的台湾海峡。实际上在整个第四纪地质时期，先后经历了四次冰期，冰期的到来使得海平面大幅度下降，海峡露出水面，台湾、澎湖与大陆连成一体，而冰期结束，气候变暖，海平面上升，海峡重新形成，如此反复，所以台湾海峡也是经历了多次沧海桑田的变化。

由于台湾、澎湖曾直接和大陆连成一片，原始先民可以通过"东山陆桥"直接走过海峡地区，两地之间保持密切联系和往来，所以我们今天在台湾岛考古出土的陶器、瓷器等，和大陆地区完全属于同一个体系。

"台湾"这个称谓是在明朝万历年间才正式出现在官方的公文中的，秦汉时期曾有"岛夷""东鲲""夷洲"等不同的称谓，隋唐以后改称"流求"。公元230年，孙权曾派将军卫温、诸葛直率领一万水军渡海到达台湾，这是关于大陆地区东渡台湾的最早记录。后来隋炀帝也曾三次派军队进入台湾，两岸军民往来贸易不断。到了元朝，为了加强对台湾的管理，在澎湖

第五章 "南不封王，北不断姻"

设立了巡检司，管辖澎湖、台湾民政；明朝为了对付倭寇的袭扰，在澎湖、基隆、淡水等地都有驻军。

十六世纪，西班牙、葡萄牙、荷兰等国在全世界范围内不断扩张。十七世纪初，西班牙人曾一度侵占台湾，但没过多久，又被荷兰人赶走。之后，荷兰人以澎湖、台南为基地，不断扩张，对台湾进行殖民统治。

明永历十五年，即清顺治十八年，郑成功亲率将士两万五千人、战船数百艘，浩浩荡荡地从金门出发，经澎湖列岛，打败了荷兰人，收复了台湾。他把荷兰人统治台湾的中心赤崁城改名为"东都明京"，并在台南地区设置了承天府和天兴、万年二县（当时台湾北部尚未得到有效开发）。

"三藩之乱"后，仅在台湾、澎湖还有残存的反清势力，就是依旧奉明朝为正统的郑氏政权。郑成功在赶走荷兰人、收复台湾后第二年便去世了，由他的儿子郑经承袭了延平郡王的爵位。郑经曾一度占领福建、广东的部分地区，失败后退守台湾、澎湖，丢了原来的老根据地——金门和厦门。

清朝曾与郑经进行过九次和谈，但均未成功。郑经早已失去了其父郑成功反清复明的理想信念，只想过偏安的小日子。

康熙皇帝不接受郑经占据台湾，于康熙四年四月，派清军进攻澎湖，因遇台风无功而返。随后清朝又重新恢复了与郑氏的谈判。

清军的威胁暂时解除后，郑经于1666年向北进攻基隆。

五年前荷兰人被郑成功打败后并不甘心失败，于是在1664年8月再次派兵占领台湾北部的基隆港。面对郑军，荷军认为基隆难以防守，于1668年退走，从此彻底放弃了对台湾的争夺。

郑经的存在令清廷如芒刺在背，但隔着台湾海峡，一时半会儿又无法将其消灭，于是清朝实行了长达几十年的"禁海令"。顺治十三年（公元1656年）六月，顺治皇帝下令，整个东部沿海地区，严禁任何商、民船只私自出海贸易，一旦被抓住，就是死罪。

"禁海令"的目的是封锁郑氏，而不是断绝中外贸易。郑氏仍然可以从沿海地区获得各种物资，于是清政府采纳了原郑成功的部下、降将黄梧的建议，实行了更为严厉的"迁海令"，将江苏、浙江、福建、广东、山东、直隶（今河北省）六省的沿海居民，内迁十五公里至二十五公里，再将所空地区划定为无人区，无人区内的房屋村舍一律拆毁焚烧，并派兵把守，"寸板不许下海"，"出界者死"。

"禁海令"与"迁海令"给沿海百姓带来了深重的灾难，他们纷纷背井离乡，沿海曾经繁荣的渔业、盐业、海运贸易等完全废弃，经济损失更是难以估量。对清朝来说，台湾问题一日不解决，海禁便一日不能开放，沿海地区便一日不能恢复，太平盛世也就无从谈起。

康熙二十年（公元1681年）平定"三藩之乱"之后，清朝其他内患终于肃清，政局稳定，台湾问题才有了彻底解决的可能，而恰好此时，台湾郑氏内部发生了严重的内讧。

这一年，郑经去世，郑氏的实力派人物冯锡範、刘国轩联合发动政变，杀死掌握军政大权的郑经长子郑克臧，扶持他年仅十二岁的弟弟郑克塽，实际权力掌握在了冯、刘二人手中。他们借机迫害异己，郑氏内部矛盾激化，人心涣散，加上清朝的招降和经济封锁，郑经的部下纷纷投降清朝，前后高达二十多万人，严重削弱了郑氏集团的实力。

康熙十六年，清廷恢复了福建水师建制，并逐步将其训练成了一支拥有战舰数百艘、兵员三万的劲旅，成为清廷攻台和清剿东南沿海郑氏军队的主力。到康熙十九年（公元1680年），福建水师与八旗骑兵联手，已基本肃清沿海的郑氏军队。此后，清廷改变了以往弃守海岸、构建沿海无人区的消极防御策略，将水师部署在对台最前线的金门、厦门、铜山（今福建省东山岛）、海坛（在今福建省平潭县）等地，做好了随时进攻台湾的军事准备。

平定"三藩"后，康熙皇帝终于下了消灭台湾郑氏的决心，他任用原郑成功父亲郑芝龙手下的大将施琅为福建水师提督全权指挥对台作战，并且命令福建总督姚启圣负责后勤事务，不得干涉前方作战。

施琅熟知郑氏内部的情况，又擅长水军战术和海战指挥，对台湾海峡的水文气象也非常熟悉。因为台海的冬季西北风刚硬强劲，不利于船队的航行和停泊，而夏季的西南季风则比较柔和，海上风轻浪平，清军船队可编队航行，官兵可免除晕眩之苦，也有利于船队集中停泊，实施下一步作战行动。同时，由于夏季多台风，不宜渡海，所以郑军防备松懈。此时发动攻击，可使郑军猝不及防，取得兵法所谓"出不意，攻无备"的奇效。为避开台风袭击，施琅选定夏至前后二十余日为最佳渡海和作战时机。

康熙二十二年（公元1683年）六月十六日，施琅率领两万多人的军队、大小战船三百艘从铜山启航，乘着西南季风穿越台湾海峡，攻打郑军大将刘国轩率重兵防守的澎湖。经过七日激战，清军焚杀郑军官员三百余人、士兵一万五千余人，击沉郑军大战船一百九十四艘。郑军将军杨德等一百六十五名官员率领四千八百多名士兵倒戈投降，而此役清军损失甚微，仅阵亡三百二十九人，负伤一千八百余人。澎湖一战全歼了郑军主力精锐，可谓大获全胜。

战后，清军暂停进攻，屯兵澎湖，威慑台湾。为了贯彻"因剿寓抚"的战略方针，施琅派人招降郑氏。施琅的父亲、兄弟为郑成功所杀，为了打消郑氏的疑虑，他做出了"断不报仇"的承诺。康熙皇帝对此非常赞许，并向郑氏颁布了赦罪敕谕，只要他投降回到大陆，以前的旧账一笔勾销。

七月十五日，在主力被歼灭的情况下，郑克塽派遣使者递交了投降书，请求率众返回大陆；八月十一日，施琅率领官兵

第五章 "南不封王，北不断姻"

自澎湖进发，十三日进入鹿耳门（今台湾省台南市安平区西北），在台湾登陆，从此结束了郑氏在台湾二十余年的统治。施琅因功加授靖海将军，封为靖海侯，世袭罔替。

收复台湾后，"地方千余里，户口数十万"的台湾是弃是守的难题，就摆到了康熙皇帝面前。当时很多大臣认为，台湾孤悬海外，交通不便，而且尚未大规模开发，派兵镇守台湾每年需要大量的财政支出，在经济上并不划算，所以主张放弃。但是，施琅坚决反对，质问说：一旦放弃，台湾必定被外国占据，以后如果再有人占据台湾反清，还要再去消灭一次吗？康熙皇帝觉得他的话非常有道理，于是下定决心，在台湾驻军并设置行政机构。

于是，清廷在台湾设置了一府三县，并设巡道一员。驻军方面，在台湾岛派总兵一员、副将两员，领八千兵，分为水陆八营驻扎。同时，在澎湖列岛派副将一员，驻军两千，分为两营。至此，台湾正式纳归清朝。

施琅收复台湾的消息传到北京时，正好是八月十五中秋节。康熙皇帝喜不自禁，赋诗一首，题为《中秋日闻海上捷音》：

万里扶桑早挂弓，水犀军指岛门空。
来庭岂为修文德，柔远初非黩武功。
牙帐受降秋色外，羽林奏捷月明中。
海隅久念苍生困，耕凿从今九壤同。

"耕凿从今九壤同"，寓指九州今日终于一统。

台湾收入清朝版图后，群臣再次请给康熙皇帝加尊号，但被拒绝。

两百年后，列强频频从东南沿海入侵，于是刘铭传上书请求在台湾建省，设立福建台湾巡抚。现在我们常讲的"台湾省"即来源于此。

两个巨人的交锋：黑龙江上的争斗

入关之前，清朝的地缘政治情况并不理想，东边有朝鲜，西边是蒙古，南面是主要的敌人明朝，北方还有领土扩张欲极强的俄国，可以说是四面受敌。

就在女真人统一东北各部的时候，俄国在西伯利亚成立了雅库次克督军管辖区。清崇德八年（公元1643年），受雅库次克督军派遣，一个叫波雅科夫的人率领一百三十二名哥萨克骑兵，第一次到达了黑龙江流域。他们趁着清兵入关、东北防御空虚之机，占领了达斡尔头人阿尔巴亚的驻地雅克萨（今俄罗斯阿尔巴金诺）、索伦部首领根特木尔的驻地尼布楚（今俄罗斯涅尔琴斯克），并建筑城池，作为他们的军事据点。雅克萨和尼布楚的命运由此被改写。清朝不断要求俄国拆除这两个据点，退出黑龙江流域，但均遭到拒绝。

第五章 "南不封王，北不断姻"

当时的俄国人从莫斯科一路向东，基本沿着同一个纬度，越过乌拉尔山到了亚洲，一路上灭掉了几个由蒙古人在西伯利亚建立的汗国，如喀山汗国等。俄国吸收了许多西欧的先进武器和军事战术，对付这些还处在几百年前战术水平的蒙古人，就有点儿像杀鸡用牛刀了。哥萨克骑兵等小股部队非常迅速地向太平洋方向推进，横扫沿途的蒙古汗国。而那些普通的渔猎部落，像鄂伦春、达斡尔等就更不是哥萨克骑兵的对手。于是，俄国在黑龙江流域横行无阻，极其嚣张。

顺治九年（公元1652年），清军和俄军发生了第一次正面战争。

这一年九月十七日，清朝派驻宁古塔（今黑龙江省牡丹江市宁安市）章京海塞、捕牲翼长希福等带兵前往黑龙江抗击罗刹（当时清朝对俄罗斯的称谓），但是没想到吃了败仗。按当时的军法，主将海塞直接被砍头，副将希福被剁掉一只手。

对于这场战争，清朝方面的记录很简略，不过俄军的战报写得很详细。据俄军战报，博格达（俄军对清军的称谓）的军队用枪炮向哥萨克城堡射击，哥萨克与他们从凌晨一直打到日落，打了一整天。最后博格达围城，并用炮攻击，同时用博格达语向全军喊话，要活捉哥萨克。

从这段记录可以看出，清军当时还是挺自信的，他们不知道这些俄军的来历，认为消灭这些哥萨克不费事。俄军其实也不太清楚清军的情况，双方实际上是盲打，都不知道对方的底细。

清军当时采用的是明清战争中常用的战术，就是先用大炮把城墙轰开一个缺口，然后骑兵迅速从缺口冲进去。没想到在这里碰到硬茬儿。当时俄国人的大炮更先进，他们把大炮和火枪都对准缺口，轰击正在往里冲的清军骑兵。结果在重火力攻击下，清军溃退了，一百五十六名哥萨克骑兵乘机杀出城外，俄军大获全胜。

俄军从清军俘虏口中得知，早晨从宁古塔出发的清军有六百人，加上当地部落九百多人，合计一千五百多人，还带有大炮六门、火枪三十支，而俄军只有二百多人。结果清军惨败，被打死六百七十六人，而俄军只被打死十人、打伤七十八人。

顺治十一年，清朝再次发兵攻打俄军。这次清军还征召了一百名朝鲜火枪手和其他一些部队，前往宁古塔作战。对此一役，朝鲜史料记载较为详细。

清军和朝鲜军在黑龙江和松花江交汇处遇到了俄军。俄军大约四百人，乘坐大船十三艘、小船二十六艘，清军和朝鲜军在岸上高处炮击俄军。俄军起初还想还击，但是他们的船没有橹，没法后退，只能顺流而下，又遇到大风，只好顺势驶出松花江，从黑龙江上逃走，退守呼玛尔城（今黑龙江省呼玛县）。

第二年三月，清军分别由水、陆进攻呼玛尔城，俄军依托坚固的工事进行抵抗。清军用火炮连续轰击了十天，最终因为从宁古塔运送物资过来要三个多月，后勤不济，不得不撤军。

第五章 "南不封王，北不断姻"

虽然最终没打下呼玛尔城，但也把沙俄吓得够呛，俄军随后逃跑了。

顺治十七年，清军终于迎来了一次大规模的胜利。

宁古塔总管巴海率兵追击俄军，在黑龙江和松花江交汇处一个叫使犬的地方，伏击了沙俄的兵船。俄军遭伏击后弃船上岸逃跑，被清军斩首六十余人，还有很多俄军落水而死。按照俄军的战报，俄军首领斯捷潘诺夫和二百七十名士兵战死，损失了四门俄国炮和两门从清军那里缴获的大铁炮，以及大量的火药、铅弹、军旗、装有粮草的船只等，最终只有九十五名哥萨克骑兵乘着一艘船顺着黑龙江漂到鄂霍次克海逃走了。

这场战役是清军对俄国的第一场大胜利，打死了斯捷潘诺夫。1979年上海电影制片厂以此为题材，拍摄了一部名叫《傲蕾·一兰》的电影，讲述一个达斡尔少女英勇抗击沙俄的故事。

不过，沙俄扩张领土的野心并没有就此打住，七年后，俄军又一次入侵黑龙江，再一次占领了江东雅克萨，并修建了坚固的城堡。雅克萨城成了俄军入侵黑龙江的重要据点，也成为清朝和俄国交锋的焦点。

沙俄占领雅克萨四十多年。这期间，清朝一直没能将俄国人驱逐出去。因为当时清朝的主要敌人是明朝和农民军，之后又得对付"三藩之乱"和台湾郑氏，危机接二连三、此起彼伏，清朝无暇他顾。

康熙二十一年（公元1682年），趁着去盛京谒陵的机会，康熙皇帝航行于松花江上，巡视至吉林乌喇（今吉林省吉林市），并派遣副都统郎坦、彭春侦察雅克萨俄军的情势，筹划对俄作战。

彭春等人侦察之后发现，从吉林到黑龙江，只有小路，没有像样的大路，而且是人迹罕至的荒山野岭。另外，冬天路面结冰，夏天雪水融化后泥泞不堪，像大炮这种重武器根本无法运送。从雅克萨城到瑷珲城，沿着黑龙江顺流而下，半个月就可以到；反过来溯江而上的话，则要三个月。

古代打仗的时候，交通是非常重要的因素。在没有铁路和公路的情况下，水路运输是极为重要的，尤其是长距离、大规模的运输。隋炀帝一定要修大运河就是这个原因。

我前面讲到过，清军在顺治年间曾击败过俄军，但由于战后没有派兵戍守黑龙江，俄军又卷土重来。为什么当初没有驻军呢？因为清朝最北边的据点就是宁古塔，而宁古塔到黑龙江陆路要走三个月，太过遥远。而俄国是自西向东，基本就是沿着黑龙江顺流而下，可以一直漂到鄂霍次克海。

此时，康熙皇帝决定进攻雅克萨，并永戍黑龙江，认为只有这样才能彻底解决问题。他调遣乌喇、宁古塔兵一千五百名，建造船舰，配备红衣炮、鸟铳，于黑龙江城（旧城在今黑龙江省黑河市对面俄罗斯境内，新城在黑河市）、呼玛尔两处建立木城，与俄军对垒，相继进攻。所需的军粮由科尔沁十旗及席北、乌喇的官屯提供，再由士兵耕种屯田，解决后勤粮食问

第五章 "南不封王，北不断姻"

题。这一决定把清朝在东北的防线从乌喇、宁古塔一线推进到了黑龙江沿岸。

不料，进攻雅克萨的计划遭到了群臣的一致反对，他们认为征讨路途遥远，后勤保障极为困难。但康熙决意要打，还把根据地迁到比呼玛尔地理位置更为优越的额苏里（今俄罗斯斯沃博德内西南），并派新设立的黑龙江将军萨布素领兵驻守。额苏里、黑龙江成为清军进攻雅克萨的军事基地。

永戍黑龙江是重大的战略决策，只有这样才能保卫黑龙江流域的领土。为了确保驻守黑龙江沿线军队的后勤，清朝还建立了一条长达二千五百公里的水陆运输线，起点在巨流河渡口（今辽宁省新民市），沿辽河、伊屯河（今伊通河）、松花江北上，直至黑龙江，实现水陆联运，供给军粮和火炮。此后，以额苏里、黑龙江两城为基地，清军逐步肃清了黑龙江中、下游的俄军据点，为进攻雅克萨做好了准备。

康熙二十四年（公元1685年），在多次警告俄军无效后，康熙皇帝命令都统彭春率领三千名士兵进攻雅克萨。康熙皇帝战前预测俄国必败，对彭春说，罗刹不是清朝的对手，必定会投降的，到时候不要杀一个人，统统送他们回去，以显示清朝怀柔远人的宽大政策。

清军于五月二十二日抵达雅克萨城下，分水、陆两军，并将神威将军炮等火器布置好，于二十五日黎明进攻，击毙俄军一百余人。俄军抵抗无望，头目托尔布津当天就决定投降，清军遵循康熙皇帝事前的命令，将七百多名俘虏全部放回。清军轻而易举地就取得了第一次雅克萨战役的胜利。

俄军的战报称，这次清军有一万多人，把雅克萨团团围住，清军的攻城大炮有二百门，野战炮一百五十门、攻城炮五十门，攻城大炮很猛，炮弹没有少于十二磅[1]的；而俄军只有四五百人，三门城防炮、三百支火绳枪和少量弹药，实力相差悬殊，尽管顽强抵抗，还是不得不投降。

为了给自己投降找个借口，俄军谎报战况，夸大了清军的实力，实际上清军只有三千多人。

不过，尽管康熙皇帝在战前、战后多次提醒要在雅克萨设防，但彭春只是烧毁了雅克萨城，未割取周围的庄稼就擅自撤军，结果俄军两个月后卷土重来，重新构筑了一个更加坚固的堡垒。最关键的是，清军没把周边的庄稼割掉，俄军来了还有粮食吃。

第二年二月，在确认俄军重占雅克萨后，康熙皇帝认为若不迅速消灭他们，等其实力壮大后更难办，于是命令黑龙江将军萨布素带领乌喇、宁古塔官兵两千人攻取雅克萨城，并加派福建藤牌兵四百人前往助战。

清军于五月底抵达雅克萨，随即将雅克萨城三面合围，挖掘战壕，再加上江面水军，实际上是四面合围。六月初四晚上，郎坦带兵从城北用红衣大炮攻城，同时分兵进攻城南。俄军也

---

[1] 1磅约为0.4536千克。

确实比较顽强，出城迎战，一直打到天亮，城堡很坚固，打不下来。接下来几天，又发生了几次小规模的战斗。

初九晚上，郎坦再次带兵趁着夜色挖战壕，一直挖到城堡脚下。俄军在城上开炮攻击，清军也用炮仰攻，双方火炮你来我往地打了一晚上。清军乘机在城脚修了一座堡垒，派兵埋伏在那里。第二天一早，俄国人趁着大雾冲出来，要夺取堡垒，但被清军击退；过两天又来，又被击退。

郎坦于是决定断了城里的水道，想把俄军困死城内。俄军急了，冲出来和清军打了四天四夜，激战中百余名俄军被击毙，俄军首领托尔布津被击毙，俄军再次退守城内。此后，除了七月初八有一次出城来夺城北炮台，俄军再也没敢出城作战了。

对这次战斗，俄军的记录是这样的：公历1686年7月17日，中国军队包围了阿尔巴津（俄国人对雅克萨的称谓），围城之后用大炮向城中轰击，发动攻城。中国人到达后第五天，督军阿列克谢·托尔布津被中国人用炮击伤，右腿齐膝打断，阿列克谢受伤后第四天死去。那枚炮弹落在塔楼炮眼中，而阿列克谢那天正在塔楼里视察。中国人昼夜不停地进攻阿尔巴津，每日用大炮轰击。中国军队在距阿尔巴津约二百俄丈[1]处围城。在阿尔巴津四周筑起土垒，敌方的大炮沿土垒安置在筐垒后

1　1俄丈约为2.134米。

面，距六十俄丈处修筑一个土炮座，高约六俄丈，在那个炮座上安置了两门大炮，炮座附近还有十五门攻城炮。阿尔巴津城内还有各类人员大约八百名，大炮八门，小口径铁炮三门，火药、铅各约六十普特[1]，臼炮一门，球形炮弹五发。

因雅克萨城墙坚固，清军一时难以攻取，于是改为长期围困。到年底，城内八百余名俄军仅有一百五十余名幸存，缺乏粮食、弹药，雅克萨城指日可下。

这时候，俄国的两名使者到了北京，于午门单膝下跪向清朝求和。于是康熙皇帝下令解围，派到雅克萨前线传达命令的，中国方面是亲军侍卫马武，俄国方面是伊凡·沙拉波夫和帕维尔·布什科夫。为什么清朝同意解围呢？因为康熙皇帝想以战迫和，与俄国签订谈判和约，彻底划定双方边界。

在雅克萨宣布停战后，两个俄国使者前往尼布楚，向督军报告了雅克萨的情况：围城期间，出击和在城中被打死和因伤致死的约有一百人，各类人员还剩一百五十人左右，而且这些人都得了坏血病，另一些人则是伤员，能值勤的只有三十人左右。

俄国的战报总会避讳自己的失败。原来城里有八百多人，现在只剩下一百五十人，那么战斗损失应该是六百五十人左右，但这两个使者说战死的才一百人左右，明显是在瞒报。所以，对于各方的战报，我们要相互对比，才能了解真相。

1　1普特约为16.38千克。

第五章 "南不封王，北不断姻"

平等或不平等：《尼布楚条约》意味着什么？

第一次雅克萨战役后，康熙二十五年一月初七，公历1686年1月30日，俄国政府任命费奥多尔·阿列克谢耶维奇·戈洛文为对华谈判使团的全权大使。一月十三日，他率领大批随员和军队近两千人离开莫斯科东行，与清朝廷谈判边界问题。同年九月二十五日，俄国的先遣使节文纽科夫、法沃罗夫到达北京，由大学士明珠等接待。为表示诚意，清朝决定主动停战并撤军，双方定于色楞额（今俄罗斯乌兰乌德）谈判。撤军令于十月到达前线，中俄雅克萨战役结束。

康熙二十七年（公元1688年）五月，领侍卫内大臣索额图、都统佟国纲、尚书阿喇尼、左都御史马齐、护军统领马喇等率领由八百名士兵组成的代表团前往色楞额谈判，传教士葡萄牙人徐日升、法国人张诚作为拉丁语翻译随行。行前康熙皇帝向他们交代了谈判原则："朕以为尼布潮（楚）、雅克萨、黑龙江上下及通此江之一河一溪，皆我所属之地，不可少弃之于鄂（俄）罗斯。"[1] 即整个黑龙江流域全部属于中国，并索要逃往俄国的索伦部首领根特木尔等人。代表团一行深入到喀尔喀蒙古时，恰逢准噶尔军队作乱，他们看到了沿途漫山遍野逃难的

---

[1]《清圣祖仁皇帝实录》卷一百三十五。

喀尔喀人。局势因而变得极为紧张，代表团面临着无可预料的极大风险，因为蒙古已经变成战区了，于是康熙皇帝急命代表团迅速返回，所以清朝第一次和俄国人的谈判未成。

准噶尔军队在占领喀尔喀全境后，又侵入清朝腹地，并宣称与沙俄结盟，联合进军，与准噶尔的战争突然就成为中俄谈判中的一大变数。戈洛文非常狡猾地利用这点向喀尔喀蒙古施加军事压力，侵入其领土。清朝面临着准俄联手的两线作战压力，形势开始变得对中方非常不利，并将严重影响中俄谈判的走势，于是康熙皇帝要调整谈判的目标。

康熙二十八年（公元1689年）四月，清朝第二次派出了以领侍卫内大臣索额图为首的代表团赴尼布楚谈判，鉴于严峻的形势，为避免两线作战，康熙皇帝此次修改了谈判原则，做出了妥协。他吩咐代表团，首先应争取以尼布楚为界，若不行，也可退让到以额尔古纳河为界。除了随团的一千四百名士兵，又调拨黑龙江兵一千五百人从水路前往尼布楚与代表团会合，合计兵力近三千人。

经过长达四十九天的行程，六月十五日，中国代表团抵达尼布楚，与先期到达的黑龙江水军会合，于城外扎营，而此时俄国代表还没有到达。

随行的葡萄牙传教士徐日升记录了清朝代表团的情况。木船因为钦差大臣来到，全部悬旗结彩致敬。另外还有一百艘中型船舶，一千五百名士兵乘坐这些船来到此地，连同船上

第五章 "南不封王，北不断姻"

的水手，足有三千人；再加一齐到达的一千四百名士兵，大小官员，钦差大臣的亲兵，他们的众多家人，以及照管行李的差役，总数也许达九千至一万人。骆驼数达三四千，马至少有一万五千匹。索三老爷（索额图）独自一人就有三百头骆驼，一千五百匹马，还有一百个仆人伺候他的家人。国舅（佟国纲）不会少于三百匹马，一百五十头骆驼和八十名仆人。其他官员各按身份随带不同数量的人马。

清朝代表团的阵仗浩大，让俄国人觉得清朝是来打仗而不是谈判的。事实上，当时清廷确实做了两手准备，如果谈不成，很可能是要重新开战。

经过漫长的等待与磋商，中俄双方于七月初八举行了第一次会谈。在张诚眼中，俄国全权大使戈洛文矮小肥胖，衣着华丽，在金缎上衣外披一件同样料子的大衣或斗篷，镶着昂贵的貂皮。

谈判过程中，双方代表展开了激烈的辩论，戈洛文认为黑龙江流域自古以来就是沙皇所领有，并指责中国军队入侵俄国的领土，要求以黑龙江为两国边界；索额图则强调黑龙江流域以及贝加尔湖所有土地都隶属于中国皇帝，清方提议以勒拿河、贝加尔湖作为中俄国界。双方的要求差距极大，第一天会谈没有任何结果。

第二天，戈洛文仍然坚持以黑龙江划界，见中国代表不能接受，就有所让步，提出以牛满河（今俄罗斯境内的布列亚河）

为界，将黑龙江上游和中游的北岸划归俄国，被中方代表拒绝。索额图等随即提出以尼布楚为界的新方案，并表示可以将尼布楚让给俄国，但也被俄方拒绝。

中国代表团认为谈判已经破裂，决定返回。后经过徐日升、张诚长达十几天的斡旋，以及俄国与奥斯曼土耳其的战事不利，而准噶尔的兴起威胁到了清朝的安全，于是双方互有妥协，在七月二十四日签订条约，即中俄《尼布楚条约》。条约以拉丁、满、俄三种文字书写，拉丁文版为正本。条约的核心内容是划定两国边境：中俄以格尔必齐河、外兴安岭为界，凡山南一带流入黑龙江之溪河，尽属中国；山北一带之溪河，尽属俄罗斯；以流入黑龙江之额尔古纳河为界，河之南岸，属于中国；河之北岸属于俄罗斯。乌第河与外兴安岭之间的土地待议。

根据俄方的记录，为了签约仪式，他们搭了两座全权大使的帐幕，有四百名火枪兵荷枪列队帐前。为了安全起见，军人暗中都带有手榴弹，万一最后关头签不成就直接开打了。

徐日升在日记中将签约的情景记得很详细。条约文本商定后，两位传教士翻译就把拉丁文本朗诵一遍，然后双方代表按照相同的程序，在有着两国皇帝名字的每一份条约文本上签了字。在清朝准备的条约文本上，清朝代表先签字，俄国人签在后面；在俄国人准备的条约文本上，俄国人先签字，清朝代表签在后面。两份文件都签好之后，双方交换文本，各自保管，之后双方拥抱，乐手奏乐。

第五章 "南不封王，北不断姻"

遗憾的是，现在中国找不到中俄《尼布楚条约》的拉丁文正本。

在中俄《尼布楚条约》签订的四十一年前，即1648年签订的《威斯特伐利亚和约》不仅宣告欧洲三十年战争的结束，而且确立了国家主权至上的基本国际原则，现代国际法体系开始形成。中俄《尼布楚条约》是清朝第一次用"中国"作为正式国名签订的国际条约，它也是在现代国际法框架下，中国有史以来签订的第一个国际条约。此次谈判完全按双方为主权国家的方式进行，而不是按照中国传统奉行的朝贡体系。条约的订立过程，包括条约的草拟、文本和条约的生效机制等，都遵守了西方的国际法规则。条约明确划分了中俄两国东段边界，这也是中国历史上第一段明确划分的国界，它规定了整个黑龙江、乌苏里江流域，包括库页岛在内的广大地区都是中国的领土。

中俄《尼布楚条约》以拉丁文、满文和俄文为正式文本，拉丁文是基准。满文本中没有使用"大清国"（Daicing Gurun）一词，而是使用汉语"中央之国"（Dulimbai Gurun）的直译，正式文本则是拉丁文的Sinici Imperi，即"中华帝国"。条约（拉丁文和满文本）中还规定要使用拉丁文、俄文和中文镌刻界碑。翌年碑成，一面是拉丁文和俄文，另一面则有满、汉、蒙三种文字。清方所指的"中文"不是单一文字，而是包括了汉、满、蒙三种文字。

我在此还是要强调，至少从西汉开始，"中国"就是一个超越朝代（政权）的国号，而并非如有些人认为的那样，指的是中原地区或中原王朝。《史记·大宛列传》记载汉武帝派张骞出使西域，有云"天子既闻大宛及大夏、安息之属，皆大国，多奇物、土著，颇与中国同业"；汉宣帝的诏书有云"五星出东方，中国大利，蛮夷大败"；元世祖忽必烈也自称"中国"，"日本密迩高丽，开国以来，亦时通中国"，他认为自己就是中国皇帝。

中俄《尼布楚条约》是以实力为基础签订的条约，因此才能有效地遏止俄国向东方的侵略扩张，保障了中国东北边境一百七十年的安定和平，为后来清朝与准噶尔、回部、廓尔喀、大小金川等部落的一系列战争提供了稳定的后方保障，对于清朝的发展和繁荣，以及"康乾盛世"局面的出现，发挥了关键的作用，具有重要的历史意义。

有一种观点认为中俄《尼布楚条约》是不平等条约[1]，因为清朝割让了尼布楚地区给俄国。我在此需要说明的是，尼布楚地区虽然以前是蒙古茂明安部落的游牧地，但茂明安部落早在后金时期已经内迁归附，离开了尼布楚。清朝时在尼布楚地区游牧的是蒙古布里雅特部落，他们并不属于清朝，清朝也

---

[1] 1930年北平文化学社印行的《中国国耻地理》一书曾认为《尼布楚条约》为不平等条约。

从未对这一地区实行过有效统治，因而谈不上是割让。另外，在条约签订时，喀尔喀蒙古地区已经被制造分裂的准噶尔人占领了。

中俄《尼布楚条约》签订的最直接影响是清朝可以立即集中力量对付正在迅速崛起的另一股强大势力——在遥远的阿尔泰山、伊犁河谷发动叛乱、制造分裂的准噶尔部。

统治西藏、蒙古

清朝时西藏的宗教领袖主要是达赖和班禅。

明万历六年（公元1578年），藏传佛教教派中的格鲁派（即黄教，由宗喀巴创立）领袖索南嘉措成功劝说刚占领青海的蒙古土默特部阿勒坦汗（即俺答汗）放弃了萨满教，改信黄教。阿勒坦汗为索南嘉措上了一个尊号"圣识一切瓦齐尔达喇达赖喇嘛"，就是三世达赖喇嘛。之后，黄教追认根敦嘉措为二世达赖喇嘛、根敦朱巴（宗喀巴的弟子）为一世达赖喇嘛，此即为达赖喇嘛的由来。清顺治十年（公元1653年），五世达赖喇嘛阿旺罗桑嘉措来到京师，清世祖顺治皇帝正式册封他为"西天大善自在佛所领天下释教普通瓦赤喇怛喇达赖喇嘛"，并授予金册和金印（金印刻有汉、满、藏三种文字），正式确定了达赖喇嘛的地位。此后历世达赖喇嘛转世，必经中央政府册封，成为定制。

　　班禅制度是清初才确立的。清顺治二年，率军占领西藏的蒙古和硕特部固始汗为罗桑确吉坚赞上尊号"班禅博克多"，黄教确认他为四世班禅。之后，又追认宗喀巴的门徒克珠杰为一世班禅、索南却朗为二世班禅、罗桑丹珠为三世班禅，班禅制度由此确立。为了制衡达赖喇嘛，康熙五十二年（公元1713年），康熙皇帝封五世班禅为"班禅额尔德尼"。"额尔德尼"是满语，意为"珍宝"，并加封之前各世班禅，授予五世班禅金印、金册，确定班禅和达赖同等地位，并让他们"互为师"。

　　由于黄教在蒙古地区有着广泛的影响，康熙皇帝为了削弱达赖喇嘛对蒙古地区的影响，需要为蒙古树立一个新的宗教权威。于是，在多伦诺尔（今内蒙古自治区锡林郭勒盟多伦县）会盟后，康熙皇帝决定确立哲布尊丹巴呼图克图为喀尔喀诸部的最高宗教领袖，并在会盟地建汇宗寺，作为哲布尊丹巴呼图克图在漠南蒙古的驻所。

　　喀尔喀诸部北返后，漠南蒙古的章嘉呼图克图进驻汇宗寺，康熙皇帝又封他为国师，使之成为漠南蒙古的最高宗教领袖。至此达赖、班禅、哲布尊丹巴呼图克图、章嘉呼图克图被称为西藏、青海、蒙古的四大黄教活佛，分别统领前藏、后藏、漠北与漠南。

　　康熙皇帝本人对佛教并无兴趣，更谈不上信仰，他甚至认

第五章 "南不封王，北不断姻"

为"自古人主好释（佛）、老之教者，无益有损"[1]，因此他尊崇"四大活佛"以及黄教只是用来安抚蒙古和西藏的政策。他的孙子乾隆皇帝对此有非常坦率的阐述："兴黄教即所以安众蒙古"[2]，"定国家清平之基于永久"[3]，其本质是用黄教来维系满蒙同盟。康熙皇帝深感黄教对蒙古的影响力巨大：为了安抚蒙古，必须先尊崇黄教；尊崇黄教，必须有效控制黄教领袖达赖与班禅，如此才能有效控制西藏的政治与宗教两界。

虽然尊崇达赖喇嘛，但在涉及国家大是大非的问题上康熙皇帝寸步不让，他绝不允许达赖喇嘛有控制蒙古的世俗权力。早在康熙十九年，在当时还未归附的喀尔喀蒙古进贡的问题上，康熙皇帝曾批评理藩院：外藩蒙古头目进贡的物品，你们照规定接收就是了，何必要经过达赖喇嘛的批准？

康熙皇帝在第一次亲征准噶尔时，命令属下及漠北、漠南蒙古各部留意搜集达赖、班禅、第巴[4]桑杰嘉措与噶尔丹的书信，并要立即驰送至御营。当从俘虏处得知五世达赖喇嘛已经去世多年，第巴桑杰嘉措假借其名义支持噶尔丹时，康熙皇帝为此斥责第巴桑杰嘉措的罪行，说他原来是达赖喇嘛手下办事的人，现在

---

1 《康熙起居注》康熙十一年二月二十八日。
2 《清高宗纯皇帝实录》卷一四二七。
3 同前注。
4 西藏地区旧官名。（1）达赖、班禅属下的执事官及地方官。（2）清初文献中对固始汗及其子孙所委执掌西藏事务的官员的称谓。

却擅自隐瞒达赖喇嘛去世实情，暗中勾结噶尔丹，阳奉阴违，破坏宗教；并命令他交代隐瞒达赖喇嘛去世的经过，要求他尊奉班禅为教主，不得再阻挠班禅觐见，同时交出破坏噶尔丹与土谢图汗讲和的济隆胡图克图以及噶尔丹的女儿，否则朝廷会立刻发云南、四川、陕西等处大军征讨西藏。康熙皇帝直截了当地下了最后通牒，言辞间毫不掩饰对第巴桑杰嘉措的蔑视。

当康熙皇帝率兵亲征至宁夏时，接到了第巴桑杰嘉措诚惶诚恐的求饶信件，说自己的荣华富贵都是皇上所赐，如果背叛皇帝将不得好死，并保证青海的达赖喇嘛弟子都会效忠于康熙皇帝，不敢生二心。康熙皇帝对此态度比较满意，因此决定不进兵青海、西藏。此前在青海的和硕特蒙古诸部听说康熙皇帝亲征到达宁夏，唯恐被征伐，也纷纷远避。直到康熙皇帝宽恕了第巴桑杰嘉措，直言不再进军青海、西藏，他们在强大的压力下又纷纷要求归附，首领扎什巴图尔台吉等人来朝觐见。康熙皇帝恩威并施的策略取得了不战而屈人之兵的效果，青海、西藏相继表示归顺。

然而，树欲静而风不止，青海、西藏安定的局面只维持了九年就发生了急剧变化。第巴桑杰嘉措隐瞒了五世达赖喇嘛的死讯长达十四年，终于找了一个少年仓央嘉措作为转世灵童，坐床即成为六世达赖喇嘛。本来就与第巴桑杰嘉措不和的西藏最高军政统治者和硕特汗国的达赖汗对此很是不满。达赖汗去世后，其子拉臧汗继位，双方矛盾激化，发生了军事冲突，执

第五章 "南不封王，北不断姻"

掌西藏政教最高权力的第巴桑杰嘉措被杀，拉藏汗上书康熙皇帝要求废除"假达赖"仓央嘉措。康熙皇帝本着维护西藏安定的目的，答应了拉藏汗的要求，并命令他将仓央嘉措送京，以防止被其他势力尤其是准噶尔利用。仓央嘉措后来病死于途中。康熙四十八年（公元1709年），因青海众台吉[1]与拉藏汗不和，康熙皇帝认为西藏事务不能让拉藏汗独自处理，因此派遣侍郎赫寿前往西藏，此为清朝派遣官员管理西藏事务的开始。

拉藏汗选立波克塔胡必尔汗意喜嘉措为六世达赖喇嘛，但青海、西藏的民众对此并不承认，青海众台吉另立里塘的噶桑嘉措为六世达赖喇嘛，结果出现了两个达赖并存的状况，统治青海、西藏的和硕特汗国面临着分裂甚至内战的危险。

此时，一股更危险的力量开始介入。时任准噶尔帝国大汗的是噶尔丹的侄子策妄阿拉布坦，他曾反对立仓央嘉措，此时又一百八十度转弯，与第巴桑杰嘉措的部下联手准备攻打西藏，消灭拉藏汗政权。策妄阿拉布坦将女儿嫁给拉藏汗的儿子，以护送新婚夫妇回藏为名，于康熙五十五年（公元1716年）十一月派遣策零敦多卜率领六千士兵，从伊犁取道叶尔羌（今新疆维吾尔自治区喀什地区莎车县），历时近八个月抵达西藏边境。此时拉藏汗的主力正集中防备青海，面对已抵边境的军队措手不及，一路溃败。准噶尔军队于十月攻下拉萨，拉藏汗战死，

---

[1] 台吉，清朝时蒙古贵族的封爵名。

曾被册封的意喜嘉措被拘禁，失去自由，强盛一时的和硕特汗国灭亡。对于清廷而言，形势又变得极为危险，噶尔丹的阴影重现。如果准噶尔有效控制西藏与达赖喇嘛，将拥有强大的宗教、政治号召力，势必要控制全蒙古，动摇清朝联合蒙古统治汉族人的基本国策，威胁到清朝政权。这对康熙皇帝来说是不可接受的噩梦，因此他决定派兵入藏，驱逐准噶尔军队。

康熙五十七年（公元1718年）五月，由于轻敌，侍卫色楞仅率领两千多人入藏，被准噶尔军包围，于九月中下旬全军覆没。鉴于这次惨败，清朝大臣极力反对再次入藏，认为路途遥远，劳民伤财，但遭到了康熙皇帝的痛斥。康熙说，看看现在这班领兵大臣，一个个的只知道明哲保身，而不以国事为重，都说不能动兵。但是，这时候若不进兵安藏，贼寇无所忌惮，煽动边民造反，到时候怎么办？必须立刻进兵西藏！继亲征噶尔丹后，康熙皇帝又一次不顾群臣反对，独断进兵。

此次清军入藏，是以护送青海台吉们拥立的达赖喇嘛噶桑嘉措赴布达拉宫坐床为名义。噶桑嘉措不仅得到了康熙皇帝的册封承认，而且也深受青海、西藏、蒙古民众的爱戴。据当时在西藏的意大利传教士德西德里的观察，"中国皇帝在获取西藏人同情、离间他们同准噶尔人的关系这一着上，显露出他的明智"[1]，而准噶尔人掌握的是一个不被青海、西藏承认的达赖。

---

[1] 中国社会科学院民族研究所：《蒙古族厄鲁特部历史资料译文集》第六辑。

第五章 "南不封王，北不断姻"

这一年十月，皇十四子胤禵被任命为抚远大将军，并于次年三月统兵到达西宁，同时年羹尧被任命为四川总督，开辟由四川进藏的路线，筹足粮饷，开设驿站。平逆将军延信率军出青海，由喀喇乌苏（今西藏自治区那曲市）进兵，此为清军北路；定西将军噶尔弼率军出四川巴塘进藏，此为清军南路；同时，靖逆将军富宁安与振武将军傅尔丹，率军向西进攻准噶尔本土。康熙五十八年（公元1719年）四月，北路清军护送达赖喇嘛由西宁进藏，克服恶劣的自然环境，多次击败层层设防的大策零敦多卜率领的准噶尔军。与此同时，年仅三十三岁的岳钟琪率领南路先锋绿营兵四千人奇袭渡过怒江天险，与主力满洲兵随后会合，攻取拉萨。据德西德里的记载，入藏清军纪律严明，与此前烧杀掳掠的准噶尔军队形成了鲜明的对比。九月，噶桑嘉措在布达拉宫举行达赖喇嘛的坐床典礼。至此安藏之役结束，清朝开始在西藏驻军。

此次安藏之役将西藏纳入清朝的有效管理之下，完全是康熙皇帝英明独断的结果。大臣们普遍因循保守，畏惧进军青海、西藏的艰难险阻，害怕再一次进军失败，自己也可能被直接或间接牵累。大臣们的这种表现在前一次康熙皇亲征噶尔丹时已经表露。历史总是相似的，汉武帝对匈奴用兵时，也遭到大臣们的一次次反对，全凭汉武帝一次次的果断而成功。这不仅仅是一生积极进取的汉武帝、康熙皇帝与大臣们之间的个性、眼光以及能力的差异，前者更着眼于根本性的长远利益，后者常常得过且过，不想在自己有限的任期内承担太高的风险。当然，历史上碌碌无为混日子的皇帝也很多，缺乏进取心与能力的皇帝是没有可能开创一个盛世的，他们最多是守成之君。康熙皇帝发动安藏之役时已经垂垂老矣，而且当时他已被儿子们折腾得身心俱疲，处理政务也有些力不从心。但烈士暮年，壮心不已。牵涉江山千秋万代的重大事务依然会激起他的英雄气概。

满蒙联盟：南不封王，北不断姻

与蒙古人联盟是清朝的基本国策，也是清朝能以少数满族人统治整个中国的重要原因。

当时的蒙古人在生活习性、活动地域、语言文字等很多方面，都与满族人有很多相似的地方。满洲的前身是建州女真，生活在辽宁一带，建州女真后来统一了北边的海西女真，而海西女真本来就是蒙古人。东北的女真人和蒙古人是长期混合杂居的，他们之间也不断地有贸易往来，比如女真人主要靠渔猎为生，但他们却拥有大量的马匹。萨尔浒战役之后，有个朝鲜人被俘获，在赫图阿拉生活了一两年，他发现普通的女真人家里面都有十几匹马，贵族家的马更是成百上千匹，他们的马匹主要就是从蒙古草原，尤其是呼伦贝尔、锡林郭勒等现在内蒙古东部靠近东北的这些地区来的。另外，努尔哈赤

第五章　"南不封王，北不断姻"

在创造满文的时候基本上就是仿照蒙古字母，所以满文和蒙文乍一看差不多。满族人和蒙古人之间，有着天然的亲近，蒙古也成为清朝最重要的盟友。

需要注意的是，满族人联盟的是漠南、漠北蒙古，而漠西蒙古是他们的重点打击对象。漠南蒙古的范围基本上是现在的我国内蒙古自治区，漠北蒙古则主要是现在的蒙古国一带，而漠西蒙古包括现在中国新疆维吾尔自治区、西藏自治区、青海省及部分中亚地区。清朝与漠西蒙古准噶尔部进行了长达七十多年的战争，对中国历史影响巨大。

我们可以从一个最简单的指标看出当时蒙古对清朝的重要性。

在清朝，汉人想封王是极困难的。整个清朝，只有清初有五位汉人王（定南王孔有德、靖南王耿仲明、平南王尚可喜、义王孙可望、平西王吴三桂），后期即使像曾国藩、左宗棠、李鸿章等为清朝立下了汗马功劳的大臣也不过是封了侯爵。而蒙古王公却多不胜数，清朝统治者眼中，蒙古人才是他们最着力要拉拢的对象。清朝的外藩蒙古爵位分为六等，即亲王、郡王、贝勒、贝子、镇国公、辅国公，喀尔喀蒙古还有高于亲王的四个汗。可以说，维系清朝统治的基本力量——满蒙联盟是清朝统治最重要的基础。

我下面就满蒙之间联盟关系的发展进行简单介绍。

在清军入关前，由于满人人数很少，壮丁只有几万人，所以他们便有意识地与周边的蒙古诸部结盟，结盟的一个重要手段就是联姻。努尔哈赤首先拉拢的是漠南蒙古科尔沁部与内喀尔喀五部（扎鲁特、翁吉喇特、巴岳特、巴林和乌济叶特），前者的首领是成吉思汗的弟弟哈布图哈萨尔的后裔，后者的首领则是达延汗之后，他们都属于蒙古黄金家族。

明万历四十年（公元1612年），努尔哈赤求聘科尔沁部台吉明安的女儿，这是满蒙联姻的开始。两年后，努尔哈赤第二子代善娶扎鲁特台吉忠嫩的女儿为妻，第五子莽古尔泰娶扎鲁特内齐汗的妹妹，第八子也就是后来的清太宗皇太极娶科尔沁部莽古斯之女哲哲为妻（即后来的孝端文皇后），扎鲁特部额尔济格台吉的女儿嫁给努尔哈赤的第十子德格类。

随后努尔哈赤又娶科尔沁台吉洪果尔的女儿，其第十二子阿济格也娶了洪果尔的女儿，第十四子多尔衮则娶了台吉吉桑阿尔寨的女儿，皇太极又先后娶了台吉宰桑的女儿布木布泰（即后来著名的孝庄文皇后）及她的姐姐海兰珠（后来成为皇太极最喜爱的女人）。

在努尔哈赤一家拼命娶蒙古王公的女儿为妻的同时，女真人也把自己的女儿嫁到蒙古，如后金天命二年（公元1617年），努尔哈赤的弟弟舒尔哈齐的女儿就嫁到蒙古。

后金天命四年，后金与内喀尔喀五部的台吉杀白马、乌牛，洒酒盟誓，结成联盟，与明朝为敌。在频繁联姻的基础上，天命九年（公元1624年）二月，后金又与科尔沁部以杀

第五章 "南不封王，北不断姻"

白马、乌牛昭告天地盟誓，结成联盟；之后，后金又与以奥巴为首的科尔沁部结成联盟，共同对付察哈尔。察哈尔的林丹汗发兵讨伐科尔沁部，努尔哈赤派军救援，事后又将弟弟舒尔哈齐的孙女肫哲公主嫁给奥巴，并封他为科尔沁土谢图汗。至此科尔沁部成为清朝最坚定的同盟军，后来一起入关。

清皇族与科尔沁部世代联姻，截至康熙年间，共有二十多位清朝的公主、郡主嫁给该部的亲王、贵族，诱使噶尔丹东进的科尔沁土谢图亲王沙津就是清朝的额驸；还有几十位公主、郡主以及宗室女分别嫁给了其他蒙古部族首领，其中包括漠西厄鲁特蒙古的首领，甚至还有噶尔丹的儿子和侄孙。有蒙古血统的康熙皇帝（祖母孝庄太后是蒙古族）将自己的七个女儿出嫁蒙古，其中第六女恪靖公主嫁给了新归附的喀尔喀土谢图汗部的郡王敦多布多尔济，他后来承袭土谢图汗；第十女纯悫公主嫁给喀尔喀土谢图汗部下、赛音诺颜部台吉策凌，他为清朝屡立战功，于雍正三年（公元1725年）别为一部，不再附属土谢图汗，与土谢图汗部、车臣汗部、札萨克图汗部并列为喀尔喀四部。

满蒙世代联姻成为清朝的基本国策。据统计，满蒙联姻达五百八十六次，清军入关前的三十二年间联姻八十四次，入关后的二百六十八年间四百零二次。清朝皇室出嫁蒙古的女子多达四百三十名，其中入关前二十七名，入关后四百零三名；皇室娶蒙古王公之女一百五十六名，其中入关前五十七名，入关后九十九名。长期的满蒙联姻使蒙古首领、贵族世代与清皇家保持姻亲关系，皇族格格、公主生育的子孙后裔担任蒙古王公台吉，他们与清朝皇帝是甥舅或外祖孙等关系，其中又有不少人被招为额驸。他们定期轮班到北京或承德觐见皇帝，进一步增加与清朝皇室的感情，这是蒙古各部始终忠于清朝的重要保证。

乾隆年间，朝鲜使者曾向朝鲜国王报告说，蒙古部落十分强盛，每当蒙王新立，清朝就把公主嫁过去联姻；每当蒙王入朝，清朝统治者都会暗中让手下观察蒙王的动静。这说明了清朝对蒙古政策的实质——既拉拢又防备。

满蒙联姻只是清朝笼络、怀柔蒙古的措施之一。在制度上，清朝对蒙古的控制、管理也非常完善、严密。早在入关前的后金天聪六年，漠南蒙古的土默特部就已经归附后金。三年后，蒙古诸部中最强大的察哈尔部在清军的连续打击下灭亡。之后，漠南蒙古十六部四十九个首领齐聚盛京，承认皇太极为新的蒙古国大汗，奉上"博格达彻辰汗"尊号。

清朝将归附的漠南蒙古编为四十九旗、六个盟，称为"内札萨克蒙古"。每旗设札萨克一人管理旗务，旗下基层组织为佐，年十八岁至六十岁者均要编入册，每一百五十人编为一佐，平时三分之一牧民服役、三分之二牧民生产。札萨克为世袭制，其下设协理台吉、章京、参领、佐领、骁骑校等官职，分工管理旗内的军事、司法、行政、土地等。旗的上层组织为盟，设盟长和副盟长各一人，从各旗的札萨克中产生，由理藩院奏报清政府任命。盟长的主要职责为会同各旗札萨克处理重大事务，接受上诉和会审案件，检阅各旗军事力量，但不能干涉各旗的内政。漠北喀尔喀蒙古归附后，清朝仿照漠南蒙古的先例，也推行了盟旗制。后来清朝又将盟旗制推行到了漠西青海厄鲁特蒙古以及新归附被安置在新疆的厄鲁特蒙古土尔扈特部。

实行盟旗制的蒙古诸部统称为外藩蒙古，拥有一定的自治权。此外还有内属蒙古，直接隶属于该地区的都统、大臣和将军，受理藩院管辖，不授札萨克，不设盟，无世袭爵位，没有自治权，实行严格的八旗制度，编为八旗蒙古，它与八旗满洲、八旗汉军同为清朝直属的主要军事力量。八旗蒙古主要由察哈尔、土默特、乌梁海、厄鲁特等部组成。喀尔喀归顺后，清朝重新修订了《理藩院律例》，作为统治蒙古的司法条文。它规定蒙古人在内地犯法，按内地刑律处理；内地百姓在蒙古犯法，按蒙古律处理。此外，在经济上，从康熙皇帝开始，几乎每年都发放粮食救济蒙古民众，并派人教授蒙古人种树、耕田、灌溉、捕鱼等生产技术。

清朝对蒙古的管理，与前朝对边远民族地区的管理有本质的不同。后者由中央政府赐予当地民族首领名号，仅在名义上服从中央，中央政府并没有实行直接统治与管理，也没有改变其组织、行政制度；清朝的盟旗制度则是中央政府对蒙古地区的直接统治与管理，通过盟旗制度重新划分了蒙古诸部的组织和行政结构，将漠南分为四十九旗、漠北分为五十九旗（后增至八十六旗），各旗之间严格划定旗界，严禁越界游牧，违者依法严加惩处。划分旗界有意打破蒙古原本的组织形式，以起到分化蒙古、实行有效控制的目的。清朝在漠北、漠南、漠西蒙古分别设置定边左副将军（乌里雅苏台将军）、科布多参赞大臣、库伦办事大臣、绥远城驻防将军、呼伦贝尔副都统、伊犁将军等进行直接的军府统治，清朝对蒙古地区拥有完全的主权和统治权。

准噶尔部的兴起

清朝国土疆域的极盛期是在乾隆二十四年前后。其版图的确立，最重要的就是乾隆皇帝"十全武功"之一的西师之役，平定了准噶尔和大小和卓叛乱，加强了对整个新疆、西藏和青海等广大西部地区的有效管理。

《清史稿·地理志》中有这样一段文字：

> 有清崛起东方，历世五六。太祖、太宗力征经营，奄有东土，首定哈达、辉发、乌拉、叶赫及宁古塔诸地，于是旧藩札萨克二十五部五十一旗悉入版图。世祖入关翦寇，定鼎燕都，悉有中国一十八省之地，统御九有，

第五章 "南不封王，北不断姻"

以定一尊。圣祖、世宗长驱远驭，拓土开疆，又有新藩喀尔喀四部八十二旗，青海四部二十九旗，及贺兰山厄鲁特迄于两藏，四译之国，同我皇风。逮于高宗，定大小金川，收准噶尔、回部，天山南北二万余里毡裘湩酪之伦，树领蛾服，倚汉如天。自兹以来，东极三姓所属库页岛，西极新疆疏勒至于葱岭，北极外兴安岭，南极广东琼州之崖山，莫不稽颡内乡，诚系本朝。于皇铄哉！汉、唐以来未之有也。[1]

上述这段文字勾勒出了清朝从东北发迹，入关征服内地十八省，疆域东至库页岛、西达葱岭、北到外兴安岭、南达海南崖山的壮观版图。

我们要清楚地知晓，清朝的疆域并不是清军入关后消灭明朝就成形的。顺治十八年，清朝只占有明朝的旧土；康雍乾年间，领土不断向西、向北大幅开拓、巩固；一直到乾隆中期才逐渐成形，稳定下来。

我们需要了解的是，清朝向西的领土巩固其实并不是主动的。当时在西北的蒙古准噶尔部迅速崛起，建立了一个面积上几乎可以和清朝抗衡的割据政权。

这个准噶尔是怎么回事呢？

---

1 [清] 赵尔巽等：《清史稿》卷五十四，《地理志》。

元朝末年，朱元璋率明军攻陷大都，元顺帝率残部北逃至蒙古高原上，史称"北元"，但也没有支撑太久，蒙古高原陷入了分裂状态。原来居住于蒙古高原西部的蒙古人的一支厄鲁特（又称"瓦剌""卫拉特""卡尔梅克"）人兴起，甚至一度取代了成吉思汗黄金家族，成为全蒙古的统治者，并占领了伊犁河流域以及中亚地区。十五世纪晚期，成吉思汗、忽必烈的嫡系传人达延汗（大元可汗）对此地开始了长达七十余年的统治。他在位期间，驱逐了厄鲁特人，统一了整个蒙古高原。明嘉靖二十二年，达延汗去世前，将国土分封给众多子孙，其中察哈尔各部落归长孙博迪汗，他拥有蒙古最高汗位，驻于张家口和多伦诺尔；第三子巴尔斯博罗特，以及巴尔斯博罗特之子衮必里克墨尔根统率鄂尔多斯部，驻地在黄河河套；衮必里克墨尔根的弟弟阿勒坦汗（《明史》称作"俺答汗"）统领土默特部，驻于河套东北部，中心在归化城（今内蒙古自治区呼和浩特市）；达延汗的幼子格呼森扎赉尔统治喀尔喀各部，包括了今整个蒙古国以及西北的唐努乌梁海地区，后来又分为土谢图汗部（今蒙古国乌兰巴托一带）、车臣汗部（今蒙古国东部）和札萨克图汗部（今蒙古国西部），整个蒙古又回到了分裂状态。清朝以戈壁为界，戈壁以北为喀尔喀各部的漠北蒙古，以南诸部为漠南蒙古，以西为厄鲁特诸部的漠西蒙古。

　　明万历三十二年（公元1604年），达延汗的嫡系后裔林丹汗成为蒙古大汗，开始统一各部，自称"统领四十万众蒙古国

第五章 "南不封王，北不断姻"

主巴图鲁青吉斯汗"，而此时后金正在兴起，也在积极谋取对蒙古各部的统治，因此双方之间发生了一系列战争，漠南蒙古各部逐渐投向后金。后金天聪六年，即明崇祯五年，皇太极派遣大军远征归化城，林丹汗全军溃败，西逃至青海，两年后在青海大草滩病亡。后金天聪九年，即明崇祯八年，在多尔衮、岳托率领的后金军队的强大压力下，林丹汗的妻子、儿子决定投降后金，并交出了元朝皇帝与蒙古大汗代代相传的传国玉玺。至此，由成吉思汗建立于公元1206年的蒙古帝国灭亡，整个漠南蒙古被纳入后金版图，漠南蒙古各部成为清军对明朝作战力量的一部分。清崇德三年（公元1638年），土谢图汗衮布遣使入贡，皇太极命喀尔喀三部每年进献一匹白驼与八匹白马，谓之"九白之贡"。从此，喀尔喀蒙古各部向清朝纳贡称臣。

清军入关前后，被达延汗及其子孙驱逐到西方的厄鲁特人占领了从叶尼塞河、额尔齐斯河、伊犁河流域直至巴尔喀什湖的广大中亚地区，他们分为五大部：准噶尔部（又称"绰罗斯"）、杜尔伯特部、土尔扈特部、和硕特部以及附属于杜尔伯特部的辉特部。土尔扈特部继续西迁，于公元1632年起定居在遥远欧洲的伏尔加河下游，建立了土尔扈特汗国，厄鲁特人变为四大部。原居住于额尔齐斯河畔、斋桑湖周围（今哈萨克斯坦共和国境内）的和硕特部在固始汗的率领下进军青海、西藏，拥立五世达赖喇嘛阿旺罗桑嘉措为乌斯藏（今西藏自治区中部）的统治者以及黄教最高领袖，占据了青藏高原。四大部之首的准噶尔部及其同盟者杜尔伯特部，最终在塔尔巴哈台（治所在今新疆维吾尔自治区塔城市）周围以及额尔齐斯河、乌伦古河、叶密立河和伊犁河流域定居。

明崇祯七年（后金天聪八年、公元1634年），准噶尔部首领哈喇忽剌去世，其子巴图尔继位，在不断对外扩张的同时，于明崇祯十一年，即清崇德三年，在和布克赛尔（今新疆维吾尔自治区和布克赛尔蒙古自治县）建立所谓"都城"；1640年又制定《蒙古厄鲁特法典》，建立了所谓"准噶尔汗国"，并与喀尔喀部会盟，确立了对蒙古诸部的盟主地位。

清顺治十年，巴图尔珲台吉去世，第五子僧格继位。僧格在位十七年后，于清康熙九年（公元1670年）被异母兄车臣杀死。当时僧格的同母弟噶尔丹已经出家为喇嘛，他曾在西藏先后追随四世班禅和五世达赖学习佛法。僧格的死讯传来，时年二十七岁的噶尔丹在老师五世达赖喇嘛的支持下，在僧格的岳父、和硕特首领鄂齐尔图车臣汗的援助下，擒杀车臣，控制了局面。噶尔丹自立为汗，成为准噶尔部的新首领，称为"博硕克图汗"。

噶尔丹随即开始对外扩张，首先吞并了位于斋桑湖地区的原盟友和硕特鄂齐尔图车臣部，于清康熙十七年（公元1678年）统一了厄鲁特诸部，五世达赖派特使赐给他"丹津博硕克图汗"的称号。

噶尔丹建立了"宰桑"制度，规定最高权力属于汗廷，首领身边设立宰桑数名，处理日常事务，凡大事均需禀明首领。

汗廷自上而下设立各级管理单位，百姓诉讼由扎尔固齐负责，重大案件则由大扎尔固齐裁决；同时发展经济，奖励畜牧和耕种，铸造货币，发展手工业，并对俄国表示希望保持接壤邻邦的结盟关系，不再发生边境争端。从此，一个非常强大的势力出现在清朝的西部。

噶尔丹野心勃勃，一心想恢复成吉思汗的霸业，统一蒙古各部，征服中亚、东亚，建立一个喇嘛教的大帝国。噶尔丹先后征服了占有今天中国新疆南部以及中亚部分地区的叶尔羌割据政权，由东察哈台汗国后裔（蒙古黄金家族）占有的吐鲁番、哈密。到了清康熙十九年，准噶尔部的势力范围已经包括了今日中国新疆维吾尔自治区以及中亚的大片土地。此时的清朝正陷入与三藩的苦战之中，根本无暇西顾。噶尔丹又向西进攻并征服了哈萨克汗国与吉尔吉斯族居住的安集延（位于今乌兹别克斯坦共和国）。至此，准噶尔部已经成为中亚的霸主。

为了重建成吉思汗的霸业，噶尔丹必须首先征服由黄金家族统治的漠北、漠南蒙古，而喀尔喀部之间的内乱给了他极好的借口。

乌兰布通之战：征讨准噶尔，控制喀尔喀蒙古

蒙古准噶尔部经过两代人的发展，到噶尔丹统治时期，已

经变得野心勃勃，扩张性极强。准噶尔内乱后，五世达赖喇嘛特许噶尔丹还俗，并赐给了他一个正式的汗号"博硕克图汗"。在五世达赖喇嘛的支持下，噶尔丹迅速平乱，成为准噶尔部新的领袖。他想统一蒙古各部，重现成吉思汗蒙古帝国的盛况。

很快机会就来了。喀尔喀蒙古（漠北蒙古）的土谢图、札萨克图这两个漠北蒙古最大的部族之间发生了内讧。清康熙二十六年（公元1687年），噶尔丹的同窗好友、西藏第巴桑杰嘉措以五世达赖喇嘛的名义，派代表前去调解。康熙皇帝也派理藩院尚书阿喇尼去劝和。调和的结果是，土谢图和札萨克图两部落的大汗一起，在漠北蒙古的最高宗教领袖哲布尊丹巴呼图克图和五世达赖喇嘛的代表噶尔亶席勒图面前起誓永远和好。

我在此解释一下，漠北蒙古也信奉黄教，最高宗教领袖是哲布尊丹巴呼图克图，漠南蒙古也有个宗教领袖，叫章嘉活佛。他们在宗教上的地位，要比达赖喇嘛和班禅低。

两个部族本来就要和好了，但噶尔丹趁机挑事。他指责哲布尊丹巴呼图克图居然敢和达赖喇嘛的代表"抗礼距坐，大为非理"，然后还和札萨克图汗国结盟。这样，准噶尔与土谢图汗国之间的关系骤然紧张，双方都开始调兵遣将。

康熙二十七年正月，土谢图部先发制人，进攻札萨克图部，札萨克图的首领沙喇在逃跑时被淹死。土谢图汗的儿子噶尔旦台吉还率军杀了在边界进行哨探的噶尔丹胞弟多尔济扎卜和四百名

第五章 "南不封王，北不断姻"

士兵。这一事件给了噶尔丹一个开战的借口。

噶尔丹闻讯后，马上派出三万大军，兵分两路，进攻土谢图部。一路由他亲自率领，全歼了噶尔旦台吉的军队；另一路由他的三个侄子率领，直取额尔德尼召[1]，占领土谢图汗居地。土谢图汗与哲布尊丹巴呼图克图率领部众逃往车臣部，并在随后的决战中被彻底击败。土谢图汗、车臣汗以及新继位的札萨克图汗、哲布尊丹巴呼图克图会合后逃入清朝境内的蒙古苏尼特部地界寻求保护，准噶尔占据了喀尔喀全境。此时，清朝派往尼布楚与俄国谈判的武装使团正好行至喀尔喀，目睹了喀尔喀崩溃的场景，"喀尔喀溃卒布满山谷，行五昼夜而不绝"，而清朝使团则"三军狼狈而逃，虽严禁不能止"。

长达七十年，并深刻改变中国历史的征讨准噶尔大战一触即发。

俄国戈洛文使团趁机利诱、胁迫走投无路的喀尔喀诸部向俄国归顺，而喀尔喀的最高宗教领袖哲布尊丹巴呼图克图认为，俄国人不信奉佛教，风俗习惯和喀尔喀的也很不一样，语言服饰又不同，所以归顺俄国不是长久之计，不如归顺清朝皇帝，于是喀尔喀决定向清朝投降。

土谢图汗与哲布尊丹巴呼图克图向清朝的使者理藩院尚书阿喇尼表达了归顺的意愿，并请求清朝救助。康熙皇帝果断接

---

[1] 额尔德尼召，蒙古的第一座喇嘛庙，位于今蒙古国哈拉和林市。

受了这一请求。这是一个改变世界历史的决定，若非如此，早在十七世纪俄国就会占领整个漠北蒙古。

在接纳喀尔喀诸部归附后，清朝就成为他们的保护者，也就不可避免地要与正在兴起的准噶尔部发生正面冲突。

在获悉喀尔喀诸部逃到清朝境内后，噶尔丹与五世达赖喇嘛要求清朝交出土谢图汗及哲布尊丹巴呼图克图。正在南巡途中的康熙皇帝说，喀尔喀已经归顺自己，那就是他的人了，谁也别想动。他还要求准噶尔与喀尔喀尽释前嫌，握手言和，要求准噶尔退兵并归还喀尔喀领土。这对噶尔丹来说显然无法接受。对康熙皇帝而言，他绝不会允许一支野心勃勃的游牧力量称霸中亚，甚至占领整个漠北蒙古，继而统一整个蒙古高原，恢复成吉思汗的霸业。这样不仅会动摇满蒙的战略同盟，还会严重威胁到清王朝的安全，因此战争已经不可避免。

为了避免准噶尔与俄国联手，康熙皇帝在与俄国签订《尼布楚条约》时，在东北边界问题上做了一定的让步，以换取俄国不支持准噶尔的保证。同时调集满、蒙、汉军队携火炮于土喇河（今蒙古国土拉河）布防。第二年，噶尔丹率领三万军队再次进攻喀尔喀，并扬言俄国也要联合出兵。康熙皇帝命索额图责问并警告俄国在京师的使节格里高里等人，如果俄国真的违背刚达成的条约，与准噶尔联合出兵，那就意味着俄国要与清朝重新开战。

准噶尔军队沿克鲁伦河顺流而下，康熙皇帝决定动员禁

第五章 "南不封王，北不断姻"

军、八旗满洲兵、蒙古兵携带火炮，由都统苏努率领出征，随后又决定于七月初六率军亲征。此时准噶尔依仗沙俄支持，已经击败喀尔喀昆都伦博硕克图所部，昆都伦全军覆没，仅以身免。尚书阿喇尼率领的两万清军与准噶尔军队于乌尔会河（今内蒙古自治区乌拉盖河）会战，清军因火器营未至，被左右包抄，以致大败。乌尔会河战役拉开了清朝征讨准噶尔近七十年的序幕。

噶尔丹率军入侵了乌珠穆沁地，康熙皇帝任命哥哥和硕裕亲王福全为抚远大将军，皇长子胤禔为副手，率军出古北口；弟弟和硕恭亲王常宁为安北大将军，和硕简亲王雅布、多罗信郡王鄂扎为副手，率军出喜峰口。康熙皇帝随后也启程亲征，但九天后生病，在众大臣的极力劝说下返回京师。

抚远大将军福全率军与准噶尔军队相遇于距京师三百五十公里的乌兰布通（今内蒙古自治区克什克腾旗南境），噶尔丹扬言"今虽临以十万众，亦何惧之有"，并不畏惧人多势众的清军。康熙二十九年（公元1690年）八月初一，乌兰布通战役打响。清军用枪炮攻击。准噶尔军在河对岸的林间以一万余头骆驼缚足卧地，背负木箱，再以湿毡蒙上，环列为营，号称"驼城"，士兵则依托箱垛防守。准噶尔利用俄国战俘制造火器，还重用一个先被俄国俘虏，后又被准噶尔俘虏的瑞典炮兵军官雷纳特，因此它装备有"赞巴拉克火枪"和"骆驼炮"等欧洲与中亚的先进火器。

清军用火器、大炮轰击，摧毁驼城。清军左翼从山腰攻入，大败准噶尔军队，斩杀甚多。噶尔丹派遣达赖喇嘛的代表济隆呼图克图与清军讲和，表示不再索要土谢图汗，而只要求将哲布尊丹巴呼图克图送往达赖喇嘛处，被福全拒绝。考虑到准噶尔军据险坚拒，福全也想利用讲和的时间等待援兵再行进攻，结果贻误战机，噶尔丹率领残部逃回了统治中心科布多（今蒙古国西部）。此役中，康熙皇帝的舅舅佟国纲被枪弹击中头部战死。

康熙皇帝对乌兰布通战役的结局并不满意。出征大军回京时，康熙皇帝命其在朝阳门外听候处理，两位亲王福全、常宁被罢去议政的权力，与亲王雅布一起被罚俸三年，属下诸大臣也受到了罢议政、降级的处分。

战败后的噶尔丹送信给康熙皇帝，称以后再也不敢冒犯喀尔喀了。康熙皇帝认为噶尔丹很狡猾，不可信，于是一方面回信警告噶尔丹不要再来进犯喀尔喀，另一方面下令做好发兵的准备。

乌兰布通之战后，西藏第巴桑杰嘉措以五世达赖喇嘛的名义，率领青海的蒙古王公以及噶尔丹请上康熙皇帝尊号。康熙皇帝批评五世达赖喇嘛的代表对噶尔丹作乱的行为不加阻止，言称如果能让准噶尔与喀尔喀和好，自己倒是乐意给发奖章。但是现在喀尔喀被打得残破不堪，准噶尔也被打烂，自己心痛得很，没什么值得高兴的，也没有什么值得上尊号的。康熙皇

第五章 "南不封王，北不断姻"

帝在拒绝其请求的同时，又讽喻五世达赖喇嘛在幕后支持噶尔丹。只是，他并不知道，这会儿五世达赖喇嘛已经去世多年，上述所有一切都是噶尔丹的同窗好友桑杰嘉措所为。

击退准噶尔军之后，康熙三十年（公元1691年）四月，清朝在多伦诺尔举行新归顺的喀尔喀各部会盟与朝见臣服仪式，康熙皇帝亲自前往主持。他身边的法国传教士张诚也一同随往，留下了第一手记录。我们将其与清朝官方《清实录》的记载比较来看，非常有趣。

法国传教士张诚记载，公元1691年5月9日（即康熙三十年四月十二日）黎明，康熙皇帝离开北京，当天晚上曾向张诚学习《实用几何学》，还做了几道证明题。第二天晚上，康熙皇帝不仅向张诚询问了星体运行的事，还做了十几道三角证明题。四月十六日到达古北口后，康熙皇帝检阅了八百多名驻军的演习，并问张诚这些驻军和法军相比怎么样。张诚心里认为这些步兵抵挡不了一百名法国骑兵的冲击，但他没有说实话。这天晚上，康熙皇帝向张诚询问利用星座测量北极高度和罗盘针角度偏差问题。第二天，张诚用半圆仪测量子午线和太阳高度，引起康熙皇帝浓厚的兴趣。而《清实录》对此仅有简单的一句话："上驻跸古北口，阅总兵蔡元标下官兵，赐蔡元袍褂一袭，银五百两，马一匹，官兵银两有差。"[1]而对康熙皇

---

[1]《清圣祖仁皇帝实录》卷一五一。

帝参与科学活动只字未提。

出了古北口就是塞外，康熙皇帝豪情顿起，日日打猎。据张诚观察，康熙皇帝可手不拉缰绳，骑快马疾驰于山间林地，弯弓射猎，技艺超群，猎杀了大量的狍、鹿、虎、豹。张诚认为康熙皇帝是一位非常优秀的射手，可以左右开弓，宫廷侍卫无人能比。他体力惊人，不停地追猎，每天要累倒八至十四匹马。但对于这段精彩的狩猎旅行，《清实录》除了时间、地点之外，没有任何记录。

四月三十日，康熙皇帝抵达多伦诺尔草原，张诚用半圆仪确定了营地位置。在康熙皇帝的黄幄外环绕着八旗兵的营帐，喀尔喀部、漠南蒙古四十九旗环绕行营排列。五月初一晚，康熙皇帝检阅了部队。五月初二正式会盟，为此特地搭建了一座巨大的黄帐篷。康熙皇帝首先召见哲布尊丹巴呼图克图和他的哥哥土谢图汗，亲自将行跪拜之礼的二人搀扶起来，随后向土谢图汗颁发印章和证书。但《清实录》记载二人均"跪奏"感谢康熙皇帝宽恕他们杀害札萨克图汗的罪行以及拯救他们的"大沛洪恩"。会见后，康熙皇帝接受所有喀尔喀蒙古首领的三跪九叩（土谢图汗和众喇嘛只是肃立没有叩首），至此喀尔喀蒙古正式归清朝中央直接统治。

礼仪过后是宴会，因人数太多，坐垫不够，不少喀尔喀贵族只能坐在地上。康熙皇帝依次召见喀尔喀的重要首领，询问其姓名、年龄，他们则跪着回答。席间还表演了杂技，喀尔喀

第五章 "南不封王，北不断姻"

人从未见过杂技表演，以至于绝大多数人竟看得忘记了吃东西，只有哲布尊丹巴呼图克图一人保持着庄重的风度。

上述这些记录均来自法国传教士张诚，《清实录》对这些细节均没有记载。

会盟的会场是如何布置的呢？根据张诚的记录，他们建起一座黄色大帐篷，长八码[1]、宽六码，在帐内有一个两英尺[2]高的台座，上面铺有两块毡毯，一为白色，一为红色，上有黄龙图样。台座中央不过五平方英尺面积，有一个皇帝用的黄缎垫子，上面绣有不同配色的花及叶子和象征帝国的金龙图案，刺绣颜色并不鲜明……还有特意从北京带来的四只大象，套有豪华的马具，象身上驮着的巨大镀金铜瓶里没有珠宝。

会盟仪式后的第二天，康熙皇帝召集所有的首领参加宴会、观看杂技，分别册封他们亲王、郡王、贝勒等爵位，并赏赐礼服、财物。宴会持续了三个半小时，康熙皇帝与他们亲切交谈，与身旁的哲布尊丹巴呼图克图交谈最多，此举说明康熙皇帝精通蒙古语。

在这次宴会上，康熙皇帝将喀尔喀各部编为七旗，实行札萨克制；保留了土谢图汗、车臣汗的名号，废除札萨克图汗号，将擅自称汗的策妄扎布封为和硕亲王，其他汗、济农、诺

---

[1] 1码约等于0.9144米。
[2] 1英尺约等于0.3048米。

颜等称号一律废除，按清朝的亲王、郡王、贝勒、贝子、镇国公、辅国公的爵位重新分封。

五月初四，康熙皇帝身披盔甲检阅军队，下马射箭，十矢九中。然后与喀尔喀众首领一起登上高地观看演习，军队列阵鸣号、鸟铳齐发、大呼前进、声动山谷，军威严整，震慑了蒙古人，以至于他们想跑。关于这一场景，《清实录》与张诚的记载很一致。康熙皇帝见此情景，笑问土谢图汗有什么好怕的，土谢图汗回答说，皇帝的军威显赫，所以害怕。一问一答之间，完全达到了康熙皇帝用兵演习的目的。

随后康熙皇帝挑了一张硬弓，喀尔喀众首领无人能拉开——当然我们不知道喀尔喀的首领们是真拉不开还是不敢拉开。康熙皇帝用这张弓射出了十至十二支箭，中靶三四次——只有最强的弓才能射到的靶标。据康熙皇帝晚年自述，他在壮年时可"挽十五力弓，发十三握箭"，一力为十斤，一握为一个拳头的长度。事实上，康熙的骑射功夫确实了得。

之后是射箭、杂技、赛马、摔跤、歌舞表演。康熙皇帝还亲自去喀尔喀营地视察，并赏赐其财物、牛羊，他故意不让一向随从左右的张诚前往。张诚认为这是康熙皇帝怕他看见喀尔喀人逃亡中的穷困潦倒之相，实际上康熙皇帝肯定觉察到了张诚有意无意流露的厌恶表情。

康熙皇帝拒绝了漠南蒙古四十九旗给他上尊号的请求。他一生中多次拒绝臣下给他上尊号的请求，他自认根本不需要这些虚名。

五月初七，康熙皇帝起驾回京，蒙古四十九旗的首领跪在路左，喀尔喀蒙古的首领则跪在路右，共同恭送，喀尔喀首领"皆依恋不已，伏地流涕"[1]。当晚，康熙皇帝对随从大臣说："昔秦兴土石之工修筑长城，我朝施恩于喀尔喀，使之防备朔方，较长城更为坚固。"[2]一语道破康熙皇帝招纳怀柔喀尔喀蒙古的根本用意，这也是康熙皇帝反对下属重修长城的原因所在。

多伦诺尔会盟标志着漠北蒙古从此完全处于清朝的统治之下，但要实际控制这一广大的疆土，还必须解除准噶尔的威胁。

大漠围猎噶尔丹：亲统六师，三临绝塞

噶尔丹在乌兰布通战役失败后，撤回其根据地科布多。有人也许会问：准噶尔的根据地不是在伊犁吗，怎么跑到科布多了？原来，在噶尔丹东征的时候，他的侄子策妄阿拉布坦发动政变，占领了准噶尔，噶尔丹回不去了。策妄阿拉布坦是准噶尔前大汗僧格的长子，僧格在康熙九年被暗杀后，其弟噶尔丹从西藏返回，在五世达赖喇嘛等人的支持下成了准噶尔的大

1《清圣祖仁皇帝实录》卷一五〇、一五一。
2 同前注。

汗。按照当时准噶尔的惯例，应由僧格的长子，也就是策妄阿拉布坦出任大汗，但形势所迫，策妄阿拉布坦只能依附噶尔丹。策妄阿拉布坦能力很强，又是正统的大汗继承人，所以遭到噶尔丹的猜忌和迫害。康熙二十七年，策妄阿拉布坦被迫带着部族逃亡到博尔塔拉河一带。康熙二十九年，趁准噶尔出兵喀尔喀蒙古之际，策妄阿拉布坦杀回准噶尔，从而迫使战败的噶尔丹只能停留在科布多。

康熙三十一年（公元1692年），噶尔丹致书蒙古各部王公：我们已经变成往日一直受我们控制的满族人的奴仆，还有什么事比这更可耻的呢？如果蒙古诸王中有人卑躬屈膝，甘心仍然当我们共同的敌人——满族人的奴隶，那么他们便是我们复仇中首先要打击的目标，而他们的毁灭将是我征服中国的序曲。

科尔沁部土谢图亲王沙津将噶尔丹的书信奏报康熙皇帝，康熙皇帝直接回信斥责噶尔丹，说他是两面人，表面上向清朝臣服，背地里又煽动蒙古王公造反。随即康熙皇帝召沙津进京，命他复书噶尔丹假装响应，以便诱使噶尔丹前来并将其歼灭。

于是，准噶尔与清朝中央政府之间的战争再次爆发。

康熙三十四年（公元1695年）五月，噶尔丹率领三万军队从科布多出发进攻喀尔喀。此前不久，第巴桑杰嘉措以五世达赖喇嘛的名义上书要求清朝从青海撤军，被康熙皇帝洞察其阴谋，严词驳回。康熙皇帝担心准噶尔军躲避远遁，因此秘密命令科尔沁土谢图亲王沙津诈降，引诱准噶尔军沿克鲁伦河顺

第五章 "南不封王，北不断姻"

流而下，于十一月进军至巴颜乌兰（今蒙古国乌兰巴托东南）。康熙皇帝一直深以乌兰布通一役未能亲自歼灭噶尔丹为憾，而现在噶尔丹就在巴颜乌兰，相距并不远，因此不顾群臣反对，决意亲征，希望毕其功于一役，彻底歼灭噶尔丹。

康熙三十五年（公元1696年）三月，康熙皇帝亲率中路大军出征，因人马众多，分别从独石口、古北口出塞会合。在行军途中，遇上雨雪，康熙皇帝身披雨衣站立在外，一直等到将士结营安顿，自己才进入帐篷；他及其随行的众皇子与将士吃同样的饭菜，每天只吃一顿饭，并且等到全体将士开饭，他才进膳。

中路军于四月抵达科图（今蒙古国乌兰巴托西南），此时东西两路军未至，扈从大臣佟国维、索额图、伊桑阿等上奏说，噶尔丹已经逃远了，劝康熙皇帝班师，让西路军去追。康熙皇帝非常愤怒，斥责他们"不知尔等视朕为何如人"，表明自己要学习太祖、太宗亲临战场的作风，并严令将士务必奋勇杀敌。土谢图汗请求从征，康熙皇帝对其言道，这次出征，自己肯定能大获全胜，为其报仇雪恨。康熙令其待在家，等好消息。

五月初七，侦察得知噶尔丹军的位置后，康熙皇帝即率前锋兵在前，大军跟随在后，兵威之盛，漫山遍野不见涯际，整齐严密，肃然无声。噶尔丹见康熙皇帝亲征，清军兵强马壮，遂不战而逃。清军沿途缴获准军所遗落的器械、帐房、食品，一直追击到拖纳阿林。康熙皇帝决定任命领侍卫内大臣马思喀为平北大将军，领兵继续追剿噶尔丹。此前，他已经命令抚远大将军费扬古的西路军截断了噶尔丹的归路，两路夹攻，他料定数日内捷报就会传来。

五月十五日，抚远大将军费扬古的西路军在昭莫多（今蒙古国乌兰巴托东南）与准噶尔军队相遇，噶尔丹与妻子阿奴统率一万余人的主力向清军阵地猛攻，清军孙思克部占据有利地形顽强阻击。激战中清军发现准噶尔军队后方森林是辎重、老弱所在，随即以预先沿河设伏的右翼骑兵包抄袭击，左翼骑兵与山上守军则向准军主力反攻。在清军的三路反击下，准噶尔全军崩溃，噶尔丹带着数骑率先逃跑，他的妻子阿奴被鸟铳击毙。清军斩敌首三千余级，山谷之中尸骸枕藉，三千余人被俘虏，其余准军则受伤逃窜。

昭莫多一战，噶尔丹丧失了全部主力，从此变成了大漠中的流寇。很多部下对其有怨言，他辩解自己是被"达赖喇嘛煽惑而来，是达赖喇嘛陷我"，"我又陷尔众人矣"。

清军班师到了席喇布里图，蒙古诸王公在此行庆贺礼。康熙皇帝满怀豪情地对他们说，自己尊为天子，富有四海，这次出征，每天只吃一餐，夙兴夜寐，栉风沐雨，一路上都是步行。有人会问，他们不是骑兵吗？为什么要步行？其实，清军主要是为了节省马力，这样在作战时，尤其是冲锋时，马才有力气，所以平时行军就靠步行。康熙皇帝说自己贵为天子，之所以要吃这份苦，就是为了消灭噶尔丹这个凶寇，让臣民们都能过上安生的日子,现在蒙古都是一家人了。这番宣言明确表示,康熙皇帝已经是全漠北蒙古的保护者与统治者。

九月,在得知噶尔丹行踪后,康熙皇帝决定以"试鹰"打猎的名义,亲率两千名士兵出塞围捕,并命令青海蒙古诸部落、土尔扈特部,以及噶尔丹的侄子、现已成为准噶尔新大汗的策妄阿拉布坦等参与,防止噶尔丹西逃。此时噶尔丹部下只有一千余名士兵,缺衣少食,天气寒冽,冻死、饿死及逃跑的很多,火药、军器也残缺不齐,他们已经变成了清军的猎物,只能在辽阔的大漠、草原间东躲西藏,逃避追捕。虽然已是末路,但噶尔丹仍拒绝康熙皇帝的招降。此次亲征历时三个多月,康熙皇帝在布置好对噶尔丹的全面包围后,于年底返回京师。

康熙三十六年(公元1697年)二月,康熙皇帝开始第三次亲征,率军前往宁夏,指挥对噶尔丹的围剿。此次亲征也是小规模的军事围捕行动,兵分两路,一路出嘉峪关,一路出宁夏,每路仅两千人。在蒙古诸部得知五世达赖喇嘛早已去世的消息后,噶尔丹起兵的宗教意义已经消失,此时噶尔丹众叛亲离,手下只有三百多户,在蒙古诸部与清军包围下,已经无处可逃。闰三月十三日,康熙皇帝在给留守京师的皇太子胤礽的信中预言噶尔丹很快将被俘获或被杀,巧合的是,就在同一天,躲避在阿察阿穆塔台(今蒙古国科布多附近)的噶尔丹饮药自杀,部下携带着他的尸骸及其女儿钟齐海前来向费扬古部投降。在宁夏时,康熙皇帝曾亲率骑兵从冰面上渡过黄河，亲手写下《冰渡》诗一首，描述了当时的情景："云深卓万骑，风劲响千旗。半夜河冰合，安然过六师。"康熙手书真迹现在保存在北京故宫博物院。

在回京途中，康熙皇帝写信给宫中总太监，袒露了他亲征的感想："朕两岁之间，三出沙漠，栉风沐雨，并日而餐。不毛不水之地，黄沙无人之境，可谓苦而不言苦，人皆避而朕不避，千辛万苦之中立此大功。朕之一生，可谓乐矣，可谓致矣，可谓尽矣。"[1]言语间洋溢着豪迈、奔放的英雄气概。此时是他一生事业的巅峰。

我总结认为，在对付行踪不定、机动性极强的游牧敌人时，必须临机决断，在没有现代通信的时代，只有亲征才能及时掌握战场上瞬息万变的情况。另外，必须穷追猛打，不能让其有喘息的机会；而且要对敌形成一个巨大的包围圈，否则敌军散而复聚，没完没了。横绝大漠作战，后勤极其重要，亲征也便于统一调度作战与后勤。

康熙皇帝的战术方针脱胎于满族人的围猎活动。清军入关前，满族人生活在白山黑水的大森林间，以打猎为生。猎捕的对象既有虎、熊、野猪这样的猛兽，也有鹿、狍、兔这类机敏的食草动物。打猎既需要高度的技巧与智慧，探测猎物的行踪、设陷阱、打埋伏，又需要过人的勇气，遇见猛兽要敢于出击，

---

[1] 戴逸、李文海主编：《清通鉴》卷五十四。

甚至贴身搏斗；打猎既需要个人的勇气，又需要集体合作，要有极强的组织能力与高度的纪律。

康熙皇帝打猎既是一种个人爱好，又是一种锻炼军队的好办法，是军事演习。在捕猎技艺极为高明的康熙皇帝眼中，他的敌人噶尔丹又何尝不是猎物呢？他利用反间计引诱噶尔丹东来，在东起今东北、西到今蒙古国西部，地域广阔的"围场"内派遣东、西、中三路大军围捕，而他自己亲率少部分前锋精锐横绝大漠草原，追亡逐北，直至将猎物追赶到预设的西路军阵地予以围歼。然后又两次亲率少数军队在布置好的巨大"围场"中继续对逃脱的猎物穷追猛打，直至猎物走投无路而亡。

七月，康熙皇帝在新落成的太和殿举行了盛大庆典，并诏告天下，自己三次亲征塞外，消灭噶尔丹，使喀尔喀归服，青海和西藏臣服。大功告成之际，正好赶上太和殿竣工，"巍焕方新，临御伊始，协气集于九重，观瞻肃于万国"[1]，至于极盛。这座留存至今的太和殿正是康熙盛世的纪念碑。

这场战争还有两个战果。一是哈密（今新疆维吾尔自治区哈密市附近）贵族额贝杜拉因为奉命擒拿了噶尔丹的儿子塞卜腾巴尔珠尔等人献给清朝，害怕准噶尔的报复，决定归附清朝，被封为札萨克一等达尔汗。清朝在哈密实行盟旗制，后来又仿效内地推行了保甲制，标志着哈密归中央直接统治，成为

---

[1] 戴逸、李文海主编：《清通鉴》卷五十四。

未来清朝向中亚进军的重要基地。二是青海和硕特部的札什巴图尔台吉（汗国建立者固始汗之子）、土谢图戴青、那木扎尔额尔德尼台吉、盆楚克台吉等进京朝见康熙皇帝。康熙皇帝身披甲胄，在京师玉泉山西南举行三年一次的阅兵仪式。八旗兵分列，红衣大炮、火器、马、步军士及前锋护军骁骑，分翼排列，枪炮齐排，队伍严整。参加观礼的札什巴图尔等人"皆相顾战栗"，惊叹"天朝军威，精严坚锐如是，可畏也"。这是康熙皇帝一贯的恩威并施政策，用恩怀柔，用威震慑。随即康熙皇帝封札什巴图尔为亲王，并赏其钱物，由此中央政府直接控制青海。

第六章 『十全武功』

平定青海与对准战争

青海和硕特部的台吉札什巴图尔归附清朝，被康熙皇帝封为亲王，他的儿子罗卜藏丹津于康熙六十年（公元1721年）参加了安藏之役，因功被封为亲王。罗卜藏丹津以固始汗的嫡孙自居，妄图谋取和硕特的独立地位，与当时的准噶尔首领策妄阿拉布坦串通，于雍正元年（公元1723年）夏天命令各部摒弃清朝的封号，恢复和硕特"汗国"旧称，并自称为"达赖珲台吉"，进攻忠于清朝的亲王察罕丹津、郡王额尔德尼额尔克托克托奈等部；又不听清朝的调解，进攻西宁府附近，青海战事因此爆发。

雍正元年十月，年羹尧被任命为抚远大将军，和四川提督岳钟琪一起，统领满洲、蒙古、绿营等军一万九千人，征讨罗卜藏丹津，从西宁、松潘、甘州、布隆吉尔（今甘肃瓜州县布隆吉乡）分四路进剿。

十一月初，罗卜藏丹津进攻西宁周边，被清军击退。此时青海众多喇嘛煽动信徒叛乱，提督岳钟琪等率军镇压，杀伤叛军六千余名，并将叛乱首领喇嘛达克玛呼图克图正法，罗卜藏丹津失利后退往柴达木以东。

第六章 "十全武功"

  岳钟琪建议对外宣称于雍正三年四月进攻，但趁其不备提前于二月突然进攻。年羹尧接受了这个建议，命令岳钟琪等率六千精骑，于二月初八出发进剿。罗卜藏丹津未料到清军会提前突然袭击，一路奔逃，清军穷追不舍十五日，擒获罗卜藏丹津的母亲、妹夫以及众多部众与牛羊，并一直追击到柴达木，罗卜藏丹津仅率两百余人逃窜潜匿。清军随后分兵围剿其他叛乱部众，叛乱的和硕特八台吉均被擒获，青海平定。

  清军此次的奇袭堪称军事史上的光辉篇章。十五日内一战而定青海，年羹尧因功被授予一等公，再加赏一等精奇尼哈番（清朝的世职），岳钟琪被授予三等公，雍正皇帝在京师午门举行了盛大的献俘礼。

  为了彻底解决青海问题，年羹尧拟定了《青海善后事宜十三条》与《禁约青海十二事》，清军在青海要地分兵驻守。雍正二年（公元1724年）设置了钦差办理青海蒙古番子事务大臣，简称"青海办事大臣"或"西宁办事大臣"，标志着中央政府开始直接管理青海。

  准噶尔部一直是清朝最大的敌人，罗卜藏丹津兵败后也从青海逃至准噶尔寻求庇护。雍正三年，清朝与准噶尔举行边界谈判，提出以阿尔泰山为界，结果谈判破裂，双方又关系紧张起来。川陕总督岳钟琪开始秘密筹备对准作战，如果准军入侵西藏，他将率军直捣其巢穴。雍正皇帝特地批示岳钟琪不必担心糜费钱粮，告诉他国库已经储存了五千多万两白银，表达了

"舍千万帑金，除却策妄一大患"的决心。

发兵入藏前，雍正皇帝因忌惮准噶尔可能会介入，曾一度犹豫。幸运的是，准噶尔首领策妄阿拉布坦去世，清军没有了后顾之忧，并将六世达赖喇嘛移居以防准军劫持。策妄阿拉布坦的长子噶尔丹策零继承汗位，遣使到清朝称策妄阿拉布坦已经成佛，又表达了振兴黄教，成为黄教之主的雄心。雍正皇帝于雍正七年（公元1729年）二月宣布对准噶尔开战。

雍正皇帝任命领侍卫内大臣、三等公傅尔丹为靖边大将军，率领北路军；川陕总督、三等公岳钟琪为宁远大将军，率领西路军。两军会师后统一由岳钟琪指挥，征讨准噶尔。北路军兵力达二万四千五百余人，于阿尔泰驻扎；西路军由士兵二万六千五百名、官员三百二十四名组成，合计约二万七千人。

六月，雍正皇帝在太和殿举行出师礼，将敕印授靖边大将军傅尔丹，并在东长安门外与大将军、副将军、参赞大臣等行跪抱礼送军出征。西路军则在岳钟琪的率领下于七月自肃州出发，经过一个多月的行军，前出至巴里坤。

不久，准噶尔的使臣特磊抵达军营表示要谈和，岳钟琪一眼看出这是敌人的缓兵之计。但雍正皇帝不听岳钟琪的意见，竟然轻信准噶尔的求和要求，命令将特磊送往京城，暂缓一年进军开战，并将宁远大将军岳钟琪、靖边大将军傅尔丹召回京城述职。这就给了准噶尔部一年的喘息时间。

岳钟琪赴京后，代理宁远大将军职务的副将军纪成斌命令

第六章 "十全武功"

副参领满族人查廪率一万军队守护科舍图牧场。查廪玩忽职守，每天挟妓饮酒作乐。准噶尔军于雍正八年（公元1730年）十二月趁清军放松戒备之际突袭牧场，抢劫清军的骆驼、马匹。在西北作战，没有河流，不能利用水运，一切物资运输都要用骆驼、马匹。清军被偷袭，损失了牲畜，整个仗就没法打了。

面对准军的袭击，查廪怯战，率先逃跑。总兵曹勷前往救援，又被击败。后经总兵樊廷、张元佐率军激战七昼夜，才将大半被抢掠的骆驼、马匹夺回，但清军损失惨重。纪成斌将败军之将查廪逮捕治罪。岳钟琪得知消息后大惊。因岳钟琪与纪成斌都是汉族人，不敢得罪满族人，因此回到军营后释放了查廪，将一切罪责归于总兵曹勷，并讳败为胜上报。雍正皇帝闻讯后决定立即开战，但鉴于西路军遭受到的损失，将从前议定的直捣伊犁的方针改为层层推进，计划在三四年内消灭准噶尔，并从全国各地征调绿营兵增援西路军、满蒙八旗增援北路军。

雍正九年（公元1731年）二月，清西路军已达四万五千多人，岳钟琪请求亲率一万精兵突袭乌鲁木齐，七千步兵、车兵随后，但被雍正皇帝否决。岳钟琪根据情报判断准噶尔军可能要进攻北路军，因此计划自己率西路军趁机截击准军的后路以援助北路军，但雍正皇帝认为北路清军超过三万人，且有数万喀尔喀军相助，不需要西路军相援，并认为准军进攻的对象是西路军而非北路军。岳钟琪坚持自己的意见，随后又三次紧急奏报准军要进攻北路军，但雍正皇帝并不相信，固执地认为这是敌人在虚张声势。

我们可以看出，岳钟琪正逐渐失去雍正皇帝的信任，大事小事必须汇报，并被频繁指责、动辄得咎。雍正皇帝先后派宗室、都统伊礼布、石云倬充当西路军副将军，在前线牵制、监视岳钟琪，又派满族人查郎阿署川陕总督，管理西路军后勤供应。此时岳钟琪的前线、后方都被满族人控制、监视，在这种处境下，如何还能专心指挥作战？用人不疑，疑人不用，前线统帅负全责，当然相应地需要临机决断的全权。军机瞬息万变，岂能后方遥制，前方监视？此前平定青海叛乱轻而易举，可能导致雍正皇帝产生了错觉，以为胜利是由于他的神机妙算，实际上青海的胜利正是年羹尧、岳钟琪等前线将帅临机决断、勇于负责、敢于出奇兵突袭的结果，也是因为当时雍正皇帝对年羹尧的高度信任，并不事事遥制。

六月，准噶尔将领策零敦多卜诱敌深入，靖边大将军傅尔丹不顾多人反对，率领一万清军盲目进攻，被准军在和通泊伏击包围，几乎全军覆没，仅两千余人逃回，副将军公爵巴赛、副将军查弼纳、公爵达福等多名满族亲贵阵亡，准军一直追击到科布多城。这是清朝与准噶尔战争史上空前的惨败，主要原因是傅尔丹的军事指挥能力低下，但也是雍正皇帝刚愎自用，执意不理会岳钟琪正确判断导致的恶果。

岳钟琪得知北路军败绩后，率军袭击乌鲁木齐，大败准军，并迫使北路的准军退回阿尔泰山。不谙军事情况、惊慌失

第六章 "十全武功"

措的雍正皇帝喜出望外,竟然认为准军撤退是上天赐予的奇迹,殊不知这是西路军奋战的结果。雍正皇帝仅罢免了败军之将傅尔丹的大将军职位,改任其为振武将军,并任命大学士、一等公马尔赛为抚远大将军统率北路军。但马尔赛同样军事指挥能力低下,上任不到两个月就被雍正皇帝多次斥责,被降职为绥远将军。傅尔丹、马尔赛这两位前任大将军均归新任命的靖边大将军、顺承亲王锡保指挥。

北路军如此,西路军也好不到哪里去。雍正十年(公元1732年)正月,准噶尔军五千人攻哈密,曹勷、纪成斌率军击退敌人,但副将军石云倬不听岳钟琪指挥,行动迟缓,致使敌军逃脱。石云倬被岳钟琪弹劾,押送京城治罪。雍正皇帝任命福建总督刘世明、贵州巡抚张广泗为副将军,又认为岳钟琪"智不能料敌于平时,勇不能歼贼于临事",将他削去公爵、宫保,降为三等侯,仍留总督职衔,护大将军印,戴罪立功。四个月后,又任命大学士鄂尔泰"督巡陕甘,经略军务",岳钟琪随即被撤职,由陕西总督查郎阿署理宁远大将军,后又将刘世明革职。清军两路军指挥更换如此频繁,指挥层又矛盾重重,足见雍正皇帝识人不明,用人不当,自乱方寸,而且因他不能完全信任汉族大将军岳钟琪,刻意安排军队指挥层彼此相互监督、牵制,导致军心不稳,指挥不力。

八月,准噶尔军三万余人进攻喀尔喀,意图俘获哲布尊丹巴呼图克图,结果攻到杭爱山,俘获了康熙皇帝的额驸、喀尔喀亲王策凌的两个儿子。策凌闻报大怒，与喀尔喀亲王丹津多尔济等率领满洲、蒙古喀尔喀兵两万人奋勇尾追千里，在额尔德尼昭英勇进攻，将准军斩杀大半。丹津多尔济被赏封为智勇亲王，额驸策凌被赏封为超勇亲王。这是雍正年间与准噶尔作战中清军取得的最大胜利，但主要是蒙古喀尔喀部而并非八旗军的功劳；八旗军不仅没有功劳，还因怯战放走了准军残部。

额尔德尼昭之战后，大将军顺承亲王锡保多次命令振武将军马尔赛截杀逃跑的准军，但马尔赛违抗命令，迟迟不出兵。其部下傅鼐跪求请兵杀贼，却不被允许，致使准军逃脱。事情暴露后，雍正皇帝大怒，将他认为"本属庸才"的马尔赛以"负恩纵寇、不忠不孝"的罪名于军前斩首，将正红旗汉军都统、伯爵李杕于秋后问斩。

综上所述，雍正皇帝对军事一窍不通，被准噶尔的缓兵之计所骗，却又要自作聪明遥控指挥，固执己见，听不得正确意见，直接导致了北路军惨败；他识人不明，重用满洲亲贵，人事任命非常草率，换帅频繁，导致军心不稳，内耗不断，这些都是清军处处被动、表现极为拙劣的重要原因。这位皇帝"宅"在万里之外的圆明园、紫禁城，仅依靠来回一次要几十天的朱批奏折、廷寄遥控瞎指挥，与其父康熙皇帝亲临战阵、亲率前锋横绝大漠相比，差距甚巨。

岳钟琪的厄运并未随着被撤职而结束。因张广泗接连弹劾

第六章 "十全武功"

他指挥不当，不恤士卒，并犯了欺罔之罪，岳钟琪被革职交与兵部拘禁。查廪因曾兵败被逮捕，因此非常痛恨岳钟琪与纪成斌；他是查郎阿的亲戚，因此诬告岳、纪二人，导致岳钟琪被判斩监候，纪成斌则在军前问斩。几十年后，礼亲王昭梿为岳钟琪鸣不平，"世宗之于岳公，君臣之际可谓至矣！因诬一满人卑贱者，乃使青蝇之谗为祸若尔"[1]，揭露了岳钟琪遭遇的缘由。此时八旗入关近百年，已不复当年的骁勇善战，满洲亲贵更无当年祖先统率大军南征北讨的雄心、才干。早在"三藩之乱"时，被任命为大将军的安亲王岳乐、顺承郡王勒尔锦等人及八旗军的表现已经非常平庸、拙劣。但清朝的皇帝以满族为本位，对汉族高度不信任，不考虑实际才能，仍然普遍任用满洲亲贵统率军队，如傅尔丹等平庸之辈。岳钟琪是清朝汉族人的"异数"，他因军功卓著曾深受雍正皇帝的重用，掌握西北边陲的重兵，却招致了满族亲贵的极度猜忌与痛恨。在这种背景下，经常有人诬告他"为岳飞裔，欲报宋、金之仇"，甚至还出现了曾静派人游说其造反一事。虽然雍正皇帝反复表示对他的信任，但实际上已经开始怀疑，特地在他的军中安排旗人监督、牵制，并且处处遥制，不让他放手指挥。雍正皇帝多次否决岳钟琪直捣巢穴的作战方案，甚至不顾其多次提醒准噶尔要进攻北路的警报，而一旦战争失利却又诿过于他，轻轻放过

---

1 [清]昭梿：《啸亭杂录》续录，卷十。

导致北路军惨败的满族亲贵傅尔丹。凡此种种，都反映出了雍正皇帝重满轻汉，任人唯亲，宁用满族平庸之辈，不用汉族英杰的本心。

雍正十一年（公元1733年）四月，大将军、顺承亲王锡保因调度无方被革职，平郡王福彭被任命为定边大将军，成为北路军的统帅，但也一事无成。督巡陕甘的鄂尔泰回京后要求罢兵讲和，查郎阿又汇报准噶尔派遣使节来请和。雍正皇帝终于明白，一群无能将帅不可能打胜仗。再加上六年的战争损兵折将，人力、物力消耗巨大，军费开支高达六千多万两，一度充裕、存银达五千多万两的国库只余下了两千多万两，战争实在打不下去了，因此雍正皇帝决定讲和，公开承认自己的失误，并且自我检讨："朕之筹画（划）于事先者，虽未有爽，而臣工之失机于临事者，不一而足，亦皆朕无能不明之咎。"[1]雍正皇帝总算有自知之明，勇于承认错误，这一点还是值得肯定的。但讲和也不是那么容易的，一直持续到乾隆四年（公元1739年）双方才达成协议，此时雍正皇帝已去世四年多。

雍正年间与准噶尔的战争没有赢家，双方均损失惨重，而康熙年间清朝却赢得干净漂亮。这也许反映了康熙皇帝与雍正皇帝这一对父子在军事指挥能力上的巨大差异。

---

[1]《钦定四库全书·世宗宪皇帝上谕内阁》卷一百四十五。

第六章 "十全武功"

"十全武功"之始：惨烈的第一次金川之役

乾隆皇帝即位后就与准噶尔部签订了和约，确定了双方边界，结束了长期的战争状态。他在位的前十年，天下太平，没有战事，直到乾隆十年（公元1745年），在西南边陲发生的战事打破了平静。

这一年，四川西部的上、下瞻对（今四川省甘孜藏族自治州新龙县一带）藏民劫掠从西藏撤回的清兵的行李。于是，四川巡抚纪山与川陕总督庆复上奏，要求发兵进剿，获得乾隆皇帝的批准。

但是，川西地处横断山脉，是青藏高原到四川盆地的过渡地带，地势起伏非常大，地形十分险峻。从旅游的角度来看，这个地方的景色非常壮美，但对于行军打仗而言就非常麻烦。加上当地藏民生性彪悍，战事非常不顺利，清军逐次增加到了两万人，耗费超过一百万两白银，一直拖到了第二年的六月仍未果。

当时清军统帅庆复谎报军情，称清军已大获全胜，下瞻对土司[1]班滚已被清军烧死。于是清军草草收兵。一年多后，谎报

---

[1] 南宋、元、明、清时在西北、西南、中南地区设置的由少数民族首领充任并世袭的官职。明清两代曾在部分地区进行改土归流。

军情一事被揭穿，已经回任大学士的庆复被革职，后又被赐自尽。这是乾隆年间的第一场战争，史称"瞻对之役"，结果很不理想。不过，随后发生的金川战事更加艰难。

金川分为大金川和小金川（今四川省阿坝藏族羌族自治州金川县、小金县），属藏民土司。大金川土司莎罗奔逐渐强大，四处攻打周边土司，并于乾隆十二年（公元1747年）击败了前来镇压的小股清军。

这件事激起了乾隆皇帝的征服欲以及警惕心，因为它与明朝万历年间努尔哈赤起兵很相似。乾隆皇帝熟读史书，《明史》就是在他统治期间修好的，他也很清楚他的老祖宗们是怎么发迹的。于是，乾隆皇帝任命因征苗建功的张广泗代替庆复为川陕总督，负责进攻大金川，要求"毁穴焚巢"，一举消灭。

乾隆十二年六月，张广泗率兵三万多人进攻围剿金川。金川位处大渡河峡谷，崇山峻岭，地形极为险要。不仅如此，当地还遍布非常坚固的石造碉楼，金川军队在其间部署枪炮，如果没有现代的重型火炮难以攻克。当地清军拥有的子母、劈山等炮对碉楼起不到作用，只能围困。对清军更为不利的是，金川军队熟悉地形，作战勇猛，经常主动出击，清军屡被侵犯，死伤惨重。

莎罗奔曾一度请降，但乾隆皇帝坚持要彻底将其消灭，结果战事久拖不决。乾隆十三年（公元1748年）四月，乾隆皇帝觉得张广泗不行，于是派大学士、领班军机大臣讷亲为经略，负责前线指挥，讷亲带领北京城内的禁军和八旗劲旅前往金川参战。同时，乾隆皇帝还重新起用了出狱后赋闲在成都的岳钟琪参战，因为岳钟琪在西蜀当官很久，深得当地民众信任，莎罗奔土司曾经是他的部下。此时，金川作战的军费消耗已经达四百万两白银。

六月，讷亲抵达前线后，率军攻打"山陡箐密，碉寨层层"的腊岭，非常不顺利，总兵买国良、署总兵任举中枪阵亡，副将唐开中受伤，进攻失败。讷亲上奏说，我们也打算筑碉楼，步步为营，跟敌方一样占据地险优势。但是，这个想法被乾隆皇帝否决，他认为修碉堡不如赶快进攻，直接打掉敌方碉楼。原因很简单，清军是从遥远的京城而来，后勤补给等运输很困难，与敌方相持下去，估计财政都要破产。

讷亲是开国功臣遏必隆的孙子，是皇亲国戚，当时才三十多岁的他已经是军机大臣了，但他既没有什么作战经验，能力也很一般；而他的搭档张广泗则是个老江湖，在西北、西南前线都立有战功，因而张广泗很看不起这个公子哥儿，这就导致前线将帅失和。

连战连败，讷亲逐渐灰心绝望，就奏请乾隆皇帝说：要么第二年再增兵三万大举进攻；要么撤兵，只留一万人防守，等过个两三年再说。此举遭到乾隆皇帝的痛斥：真是莫名其妙，你身为前线总指挥，怎么能决策不定，拿出两个相互矛盾的方案让朕来选？远在北京怎么选？你要是能保证明年能成功，那朕就给你兵、给你钱，无所谓；你要是打不赢就直说，趁早滚回来。

乾隆皇帝的恼怒是情有可原的——仗打到这会儿，清军已派去四万多人，而对手仅有三千余人。无奈对方骁勇善战，且据有天险和坚固的碉楼，清军人数再多也无计可施。九月，张广泗、讷亲先后被革职，清廷随后又在全国增调东三省、京营、四川、西安驻防的满族兵以及绿营兵近三万五千人，与金川前线兵力合计已近八万人，并任命大学士傅恒经略金川军务。

清廷为傅恒举行的出征仪式很隆重。乾隆皇帝亲自祭天，高规格宴请傅恒，并亲自给傅恒倒酒，之后让傅恒在御道前上马。典礼之隆重，非常罕见。

虽然大张旗鼓、兴师动众地举办了出征仪式，但乾隆皇帝心里并无胜算。这么强盛的一个国家，两亿多人口、几十万军队，居然打不下一个小小的金川。乾隆皇帝的内心有个非常不祥的预兆，担心这个莎罗奔会成为第二个努尔哈赤——当年明军也是十几万大军围攻小小的萨尔浒，结果惨败而归。乾隆皇帝担心历史会重演。

乾隆皇帝秘密嘱咐傅恒——只有二十多岁、没有打过仗的小舅子说，如果第二年三四月仍然无法取胜，他就公开下诏罢兵。因为国库里只剩下两千七百余万两白银，如果战事拖到第二年秋冬，这两千七百万两白银将全部耗费在金川这荒山野岭，万一其他地方出事，比如内地出现灾荒怎么办？财政困难是乾隆皇帝无法继续进行战争的根本原因。

第六章 "十全武功"

小小的大金川，总人口不到一万，士兵只有大约三千，八万清军围攻了两年却不能胜之，耗费的军费高达两千余万两。乾隆皇帝对战事结果已经非常悲观，公开承认自己的指挥错误，无论胜败都要如期结束战争。"是贼据地利，万无可望成功之理。朕思之甚熟，看之甚透。上年办理，实属错误。及早收局，信泰来之机，朕改过不吝……金川小丑，实所谓得其人不足臣，得其地不足守。"[1]乾隆皇帝在政治上非常务实，不会为了面子而硬扛。他给傅恒设定了一条"止损线"，不能因为一个小地方而丢掉内地的"基本盘"。

为了震慑军心，张广泗被押到北京斩首，随后讷亲也被其祖父遏必隆的佩刀斩杀。据说，本来讷亲也要被押到北京审讯处决的，但乾隆皇帝越想越生气，派侍卫在半路上就用他祖父遏必隆的佩刀将其就地正法。

就在清军山穷水尽之时，对方也山穷水尽了。乾隆十四年正月，战事突然峰回路转，发生了戏剧性的变化，已经抵抗两年之久的莎罗奔终于撑不下去，请求投降。岳钟琪在康熙年间奇袭西藏时，莎罗奔曾是他的部下，为了打消莎罗奔对降清的顾虑，岳钟琪仅率四五十人进入对方营地勒乌围，并留宿一夜。莎罗奔对他的这位老上级非常恭敬，第二天一起在佛像前起誓，随后岳钟琪带着莎罗奔等到清军大营投降。莎罗奔等见岳钟琪

---

[1]《清高宗纯皇帝实录》卷三三三。

对傅恒行跪拜礼，立刻趴在地上说，自己平日"视岳爷爷为天上神祇"，看到傅恒居然能受得起岳钟琪的跪拜，想必天朝大臣真是不得了，于是心悦诚服地投降。惨烈漫长、代价高昂的金川之战以这样一种极富个人英雄主义色彩的方式结束。

为了这块弹丸之地，清朝付出的代价是极其惨重的，乾隆皇帝的第一宠臣、大学士、一等公讷亲，以及曾在改土归流、平定苗乱中立下赫赫战功的总督张广泗被处死，多名高级将领战死，国家财政濒临破产。如果金川再坚持一两个月，清军将不得不公开承认失败而退兵。因此，这个至少看起来还算体面的结果，让乾隆皇帝喜出望外，他封傅恒为一等忠勇公、岳钟琪为三等威信公。

发动金川之战，拒不接受对方投降，坚持要取得彻底的胜利，导致战事漫长，死伤惨重，这些都是乾隆皇帝决断的结果，体现了乾纲独断体制的短处。一旦最高决策者失误，就要付出高昂的代价，并且除非他本人回心转意，否则错误就会持续下去。好在乾隆皇帝撞了南墙还知道回头，划定了明确的"止损线"；更幸运的是，恰好在即将到达这条"止损线"前，金川投降了。

西师之役

第一次金川战争后，过了几年和平的日子，乾隆二十年

第六章 "十全武功"

（公元1755年）战事又起，这次是征伐准噶尔。准噶尔是清朝最强劲的敌人，历经了康、雍、乾三朝，现在终于到了算总账的时候。

乾隆十年，准噶尔大汗噶尔丹策零去世，准噶尔内部因汗位继承问题爆发了激烈的冲突。噶尔丹策零的长子喇嘛达尔札发动叛乱，杀害了继承汗位的弟弟纳木札尔；纳木札尔的部下宰桑萨喇尔率千户牧民于乾隆十五年（公元1750年）归附清朝，被编设佐领，安插于察哈尔。乾隆皇帝据此获悉了准噶尔内乱的情报。

因为喇嘛达尔札已经出家，且是庶出，所以遭到了准噶尔著名战将小策零敦多卜之孙达什达瓦、大策零敦多卜之孙达瓦齐、和硕特部台吉班珠尔、辉特部台吉阿睦尔撒纳等实权人物的反对。于是，内乱再起，最终喇嘛达尔札被阿睦尔撒纳所杀，达瓦齐成为大汗。之后，大、小策零敦多卜家族间又发生了内战，达什达瓦之子讷默库济尔噶起兵争夺汗位，兵败被杀。

一连串的内战使得准噶尔部元气大伤。达瓦齐与哈萨克联合攻打不愿臣服的杜尔伯特部，杜尔伯特部首领车凌、车凌乌巴什、车凌孟克（号称"三车凌"）决定归附清朝。乾隆十八年（公元1753年）冬，他们率领一万多人离开额尔齐斯河流域，到达清军驻地乌里雅苏台。杜尔伯特部被编为赛因济雅哈图盟，下设札萨克。乾隆十九年（公元1754年）五月，乾隆皇帝在承德避暑山庄接见"三车凌"，封车凌为亲王、车凌乌巴什为郡王、车凌孟克为贝勒，并举行盛大宴会庆祝"三车凌"归附。

清朝与准噶尔之间多年争战，但始终无法将其征服，损失惨重，且时时担心准噶尔会内侵漠北蒙古，南下青藏，控制喇嘛。准噶尔连续近十年的内乱让乾隆皇帝终于看到了彻底征服准噶尔的希望，认为"机不可失"，打算第二年分两路进兵，直抵伊犁。

而准噶尔的内乱也愈演愈烈，阿睦尔撒纳与达瓦齐这一对从前的盟友也迅速反目成仇，举刀相向。阿睦尔撒纳战败后，率部两万多人归附清朝。乾隆皇帝闻讯，大喜过望，在一年内两次去避暑山庄接见阿睦尔撒纳。他于乾隆十九年十一月从京师出发，日夜兼程，日行七十多公里，三天就赶到热河，询问阿睦尔撒纳征准事宜。阿睦尔撒纳提议于第二年春天出其不意进军，乾隆皇帝采纳了他的意见，并封阿睦尔撒纳为亲王。

当乾隆皇帝决心出兵彻底征服准噶尔时，满朝文武大臣中，只有大学士傅恒一人赞同，乾隆皇帝为此感叹："皇祖平定朔漠诗中，即有力排众议之语，足见家法，独运乾刚。"[1]雍正年间的和通泊惨败使得众大臣对准噶尔强大的战斗力深感畏惧，况且一旦战败，不是被敌人所杀，就是被皇帝所杀，风险实在太高。战胜不过是加官晋爵，而官最大不过正一品，爵再高不

---

[1] 戴逸、李文海主编：《清通鉴》卷十。

第六章 "十全武功"

过一等公,要率军出征的八旗亲贵,很多人官爵早已经无可复加,何必要冒此风险。况且乾隆皇帝即位以来,连小小的金川都打得如此狼狈,何况是远在万里之外的准噶尔?当立功的成本太高时,官僚必然不求有功,但求无过。但是,这确实是一个千载难逢的时机,而乾隆皇帝果断抓住了机会。

乾隆二十年二月,清军兵分两路全面进攻准噶尔。其中北路军三万人,由定北将军班第统率,阿睦尔撒纳为定边左副将军,从乌里雅苏台进军;西路军两万人,由定西将军永常统率,准部归附首领萨赖尔为定边右副将军,从巴里坤进军。清军的主力为八旗兵,其余为蒙古各部兵,共一万八千余人,以及一万一千人的绿营兵、七万匹马。阿睦尔撒纳率新降的准噶尔军为前锋,遵循乾隆皇帝"以新归顺之厄鲁特攻厄鲁特"的方针,用准噶尔而不是清朝的旗帜,率先进发,有利于招降。由于准噶尔已经分崩离析,清军一路势如破竹,准部军民纷纷投降。出师仅三个月,阿睦尔撒纳就攻下了伊犁,达瓦齐率众向西逃跑。乾隆皇帝赏阿睦尔撒纳亲王双俸,班第、萨赖尔晋封一等公,唯一赞成征准部的大学士、忠勇公傅恒,加恩再授一等公爵。

乾隆皇帝下令务必俘获达瓦齐,阿睦尔撒纳率军穷追不舍,在格登山(今新疆维吾尔自治区昭苏县内)大败达瓦齐。达瓦齐率残部南逃,被回部首领霍集斯俘虏送与清军,后押送京师。十月,乾隆皇帝登午门举行了盛大的献俘礼。兵部堂官将俘虏达瓦齐、罗布扎、莽喀、图巴、敦多克、和通等押解向北跪。乾隆皇帝以"古者异国降王，或优以封爵，示无外也"为由，封达瓦齐为亲王，赐第京师。准噶尔仍分为四部，噶勒藏多尔济为绰罗斯（准噶尔）汗、车凌为杜尔伯特汗、沙克都尔曼济为和硕特汗、巴雅尔为辉特汗。

此次征服准噶尔，实质是在清军支持下的准噶尔内部混战，所以胜利并不彻底。乾隆皇帝的初衷是将准噶尔分为四部，互不统属，利于控制，但阿睦尔撒纳有勃勃的雄心，企图成为整个准噶尔的领袖。他招降纳叛，趁机扩大自己的势力。本来就怀有戒心的乾隆皇帝命令班第将阿睦尔撒纳于军中正法，但此时清军大部队因缺粮已撤离伊犁，班第害怕交手，只是催促阿睦尔撒纳赴热河觐见，以便处置，由喀尔喀亲王额琳沁多尔济同行监视。但途中喀尔喀郡王青滚杂卜泄露真相，阿睦尔撒纳利用额琳沁多尔济的无能，趁机逃跑，率众反叛，包围伊犁，而防守的清军仅有五百人，只得撤退，在哈斯河被阿军包围，定北将军班第、参赞鄂容安自杀，萨赖尔被俘投降。定西将军永常率军六千驻守乌鲁木齐，他违抗乾隆皇帝援救伊犁的命令，一路退守巴里坤，被革职解送京城，于途中病死。至此，对准噶尔的胜利成果已化为乌有。

因为额驸科尔沁亲王色布腾巴勒珠尔匿情不奏，乾隆皇帝非常生气，打算把他处死。这个额驸娶的是富察皇后唯一的女儿。武英殿大学士、军机大臣来保劝阻说，希望皇上念在富察

第六章 "十全武功"

皇后的情面上，不要让公主守寡一辈子。乾隆皇帝为此挥泪叹息。他十分疼爱这个女儿，又想起了早逝的富察皇后，于是免掉了色布腾巴勒珠尔的死罪。

乾隆二十一年（公元1756年）二月，清军兵分两路，再次向伊犁进军。准噶尔未叛者跟随，已叛者又归附，进军顺利，一个月后占领伊犁。乾隆皇帝命令清军统帅定西将军策楞将伊犁其他的事情都先放一放，以追击逆贼为首要任务。但策楞与参赞玉保失和，布置失宜，阿睦尔撒纳西逃至哈萨克；策楞、玉保被逮捕，解京审问，在途中被叛军杀害。

一波未平，一波又起。喀尔喀郡王青滚杂卜发动了叛乱。清朝两征准噶尔，在喀尔喀征发了大量的壮丁与军费，乾隆皇帝又处死了放走阿睦尔撒纳的喀尔喀亲王额琳沁多尔济，他是哲布尊丹巴呼图克图与土谢图汗的兄弟，这激起了喀尔喀从贵族到民众的普遍不满。青滚杂卜利用这种不满情绪，起兵叛乱，在前方作战的清军后勤、通信路线被切断；更危险的是，哲布尊丹巴呼图克图也决定率喀尔喀诸部叛乱。情势万分危急，乾隆皇帝派遣他儿时的朋友与同窗、漠南蒙古的最高宗教领袖、三世章嘉呼图克图亲自前往喀尔喀，劝说哲布尊丹巴呼图克图，同时又发兵威胁，软硬兼施之下总算平息了可能的叛乱。不久青滚杂卜在俄国边界被俘，解送京师处死，清朝在其原属地唐努乌梁海地区设置了四个旗进行管辖。

准噶尔各部纷纷起兵。第一次平准后清朝分封的四部汗中，绰罗斯（准噶尔）汗噶勒藏多尔济、辉特汗巴雅尔积极参与，阿睦尔撒纳也从哈萨克返回，与众叛乱首领会盟，成为盟主。此时留守伊犁的清军仅两千人，在驻伊犁等处办事大臣兆惠的率领下突围。清军一路奋勇作战，撤至乌鲁木齐，叛军追及，又撤至特讷格尔（今新疆维吾尔自治区阜康市）被包围。此时清军已经无力突围，侍卫图伦楚率精兵八百名，一人两马，前往解围成功，将兆惠军接应到巴里坤。

新疆平叛

准噶尔各部的反复叛乱激起了乾隆皇帝强烈的报复心，他下令第三次征讨准噶尔。乾隆二十二年（公元1757年）三月，七千名清军兵分两路，分别由定边将军成衮扎布、副将军兆惠率领进攻。此时准噶尔传染病流行，再加上连年战乱与饥荒，导致人口锐减，清军势如破竹，进展极为顺利。阿睦尔撒纳再次逃往哈萨克，清军随即深入哈萨克境内追捕，并与哈军发生了冲突。

哈萨克汗阿布赉之前一直是庇护阿睦尔撒纳的，但这次慑于清军的压力，加上乾隆皇帝发去国书，称不逮到阿睦尔撒纳，清军是不会罢休的，即使是两年、十年、二十年，都会持续进攻哈萨克。在这样的压力下，哈萨克汗阿布赉厌了，他

第六章 "十全武功"

"悔过投诚，称臣入贡"。乾隆皇帝非常高兴，称既然哈萨克投降了，那么阿睦尔撒纳如果跑到哈萨克，就会被抓，准噶尔叛军就无处可逃了，这是彻底消灭准噶尔的关键。对于地处中原的中央王朝来说，与蒙古游牧民族作战最大的问题是很难彻底胜利，被打败的势力会不断地向西边跑，等缓过劲来，又卷土重来。乾隆皇帝还说，哈萨克即古代的大宛，以前汉武帝穷尽兵力打到大宛，仅仅得到一些大宛马就足以彪炳史册了，现在不仅打到了大宛，还让这里的人民心悦诚服地向清朝称臣，这功勋怎么也不会比汉武帝差吧？乾隆皇帝与汉武帝一较高下的雄心，此时已表露无遗。

不久之后，阿睦尔撒纳逃入俄国境内，于乾隆二十二年八月染天花病亡，尸体被运往中俄边境的恰克图，由清朝官员验看。

清朝与准噶尔的战争起于康熙二十九年，结束于乾隆二十二年，时间长达六十七年。最终以清朝的全面胜利、准噶尔部的彻底灭亡而告终。准噶尔所割据的地方被清廷全部收回，并设置了军政机构进行管辖。这是乾隆年间最辉煌的胜利，甚至也是整个清朝最辉煌的胜利。这场胜利在很大程度上要归功于乾隆皇帝本人，是他抓住了宝贵的历史机遇，果断决策，下定决心完全、彻底地征服准噶尔，即使其间屡次受挫。乾隆皇帝与汉武帝确有相似之处，二人意志都非常坚定，英勇顽强，不达目的誓不罢休。康熙皇帝喜欢他这个孙子也是非常有道理的，爷孙俩都有英雄气概。什么叫英雄气概呢？就是在关键的时候，敢于承担责任，而且意志坚定，永不放弃。

因为准噶尔屡降屡叛，所以乾隆皇帝严令，不再接受他们投降。在乾隆看来，这些人完全没有信用可言，不得不除恶务尽。至此，准噶尔的军队被消灭殆尽，准噶尔割据政权被完全摧毁。

清廷在天山北麓征服准噶尔后，天山南麓的问题又浮现出来。

天山以南地区以前为叶尔羌割据，后被准噶尔灭亡。当地民众信奉伊斯兰教，此时由政教合一的领袖大和卓布拉呢敦、小和卓霍集占兄弟统治，他们不愿意臣服清朝，于乾隆二十二年杀死了清朝的使者、副都统阿敏道。第二年，清军平定准噶尔后即南下征讨。

清军在托和鼐大败霍集占军，并将其余部八百人在库车包围，本来形势一片大好，但将军雅尔哈善贪生怕死，且指挥能力低下，竟让霍集占突围而出。乾隆皇帝下令将雅尔哈善押解京城正法。在乾隆皇帝的催促下，平定准噶尔的大功臣兆惠仅率军四千人，于第二年十月孤军深入，抵达叶尔羌城，结果于黑水营身陷重围，总兵高天喜、原任前锋统领侍卫鄂实、原任副都统三格、侍卫特通额战死，兆惠面部、腿部受伤，坐骑两次被击毙。兆惠告急的文书抵达了乾隆皇帝案头，他主动承担了责任，认为之前轻视回部，贸然前进，是自己的过错，不怪兆惠，并晋封兆惠为武毅谋勇一等公，加赏红宝石帽顶、四团

第六章　"十全武功"

龙补服。

此时，战争的焦点转变为解黑水营之围。乾隆皇帝任命富德为定边右副将军，阿里衮、爱隆阿、福禄、舒赫德为参赞大臣。同时下令，无论哪支部队，只要马匹还有力气，就拼死赶去救援，放弃其他目标，一切以救援兆惠为要。接到救援令，各路清军纷纷奔向黑水营。靖逆将军纳穆扎勒、参赞大臣三泰为了抓紧时间，只率领两百余名士兵星夜前去解围，结果途遇三千敌军，寡不敌众而战死。乾隆皇帝认为这种"不肯于中途退避自全，惟知直前冲击，以致授命捐躯"的"忠毅之气，深可嘉悯"，封纳穆扎勒公爵、三泰子爵，均世袭罔替。富德率军于乾隆二十四年（公元1759年）正月在呼尔满与霍集占的五千骑兵相遇，奋战四天后，因马匹长途跋涉，疲乏不堪，不能尽歼敌军。当天夜里正好遇上参赞阿里衮送马匹到达，清军分两翼包抄进攻，总共激战五天四夜，斩杀千余敌军，大和卓布拉呢敦中枪伤，逃回喀什噶尔。解围黑水营后，清军合师后撤回阿克苏，富德因功被封为一等成勇伯。

六月，清军兵分三路再次进攻，兆惠攻取喀什噶尔，富德攻取叶尔羌，巴禄率军在巴尔楚克与富德会合。得知大小和卓已向西逃跑，乾隆皇帝诏曰，追袭敌人有生力量最重要，一定要把祸首大小和卓消灭掉，否则永远和平不了。重要的是人，而不是一城一地的得失。这是乾隆皇帝一个很重要的战略观，即抓住最重要的目标，穷追不舍。在这点上，乾隆的眼光和手段都非常了不起。

于是清军穷追猛打，一路追杀到葱岭（在今帕米尔高原），俘获一万两千人，在葱岭上三战三捷。清军在葱岭上对大小和卓的最后一战，发生在阿利楚帕米尔雅什库里湖畔。打败大小和卓后，清朝在这里竖了一块碑，碑上用满语、汉语与维吾尔语三种文字详细记述了这次战争的过程。因其在清代疆域极西处，可称为"中国西极之碑"，它也是帕米尔高原属于中国的铁证。（我在2013年8月找到了这个碑亭的遗址，碑坑与一百多年前拍的照片上一模一样。）

之后，霍集占兄弟逃到巴达克山国，清军尾随追至，并以武力威胁巴达克山国献出大小和卓。十月，巴达克山国将小和卓首级交出，表示臣服，清军凯旋。四年后，巴达克山国又交出了大和卓布拉呢敦的尸体。

至此，乾隆皇帝平定了北疆准噶尔部和南疆大小和卓叛乱，整个西域自此回归中央。

乾隆皇帝对此战结果很满意，写了一篇《开惑论》，叙述了"西师成功始末"：朕对新疆用兵不过五年，在没有给内地百姓造成征发的负担的前提下，将玉门关以西方圆万余里的土地收入版图，平定了我朝西北、中亚的一系列部落，这实在是了不起的盛事啊！众臣提议给乾隆上尊号，乾隆表示拒绝。他回忆起当年康熙皇帝对他的照顾和期许，自感责任重大，现在消灭了准噶尔、平定了大小和卓叛乱，总算是"无负燕贻"

第六章 "十全武功"

了。"燕贻",即成语"燕翼贻谋"的略语,典故出自《诗经·大雅·文王有声》中的"武王岂不仕,诒厥孙谋,以燕翼子",该诗歌颂周武王为子孙谋划长久,安排得当。乾隆皇帝以此表明他征服准噶尔、回疆,完成了祖、父两辈"数十载未竟之绪",立下了"拓地二万余里"的"自古罕有之奇功",没有辜负祖、父两辈对他的期许。乾隆皇帝的这种家族使命感非常强烈,好像在说,皇祖当年把皇位隔代指定给他,现在他证明给大家看,皇祖当年的这个决定是完全正确的。

在雍正、乾隆年间,清朝官方称云南、贵州等地改土归流后新设置的州县为"新疆",即新开拓的疆土。乾隆二十四年后的"新疆"又称"西域新疆",即今中国新疆维吾尔自治区以及中亚一带;原来西南地区的"新疆"已经成为旧土,因此不再使用这个名称。当然,"新疆"并非是清朝正式的政区名称,它由安西府、哈密、巴里坤、乌鲁木齐等地设有的道、府、州、县、提督、总兵等管辖,属于甘肃;伊犁、叶尔羌、和阗等地则分属总管(伊犁)将军及办事大臣管辖;哈萨克、布鲁特、巴达克山、爱乌罕(今阿富汗)等国则为外藩属国,并未列入清朝的版图。

征服劲敌准噶尔部、回疆叛乱势力,将西域新疆收归中央直接统治是乾隆皇帝最大的历史功绩,也是康乾盛世最为辉煌的一章,是清朝统治达到极盛的标志。虽然这块广大的土地在汉宣帝时期就被纳入了汉朝版图,设立了西域都护府管辖,但中原王朝并没能一直维持对此地有效的直接统治，直至康熙、乾隆两皇帝平定各种叛乱和割据势力，才对其实行正式的行政、军事管理。

乾隆为何如此固执：更为惨烈的二打金川

乾隆皇帝平定西域新疆、消灭准噶尔部和平定大小和卓叛乱的西师之役，是乾隆"十全武功"中最辉煌的篇章，成果巨大，两百多万平方公里的领土的统治得到加强和巩固。这让他志得意满，觉得自己的功绩已经追上了汉武帝和唐太宗，感觉自己的人生已经达到了最高峰。没想到十几年之后，金川弹丸之地战事再起，而且成为乾隆年间打得最为惨烈的战争。

乾隆十四年勉强平定金川后，金川一带一切如旧，既没有实行改土归流，各个土司之间也照样互相攻杀。我们一般都把目光集中在北方少数民族的战争，但其实南方少数民族之间的冲突也一直持续不断；不仅北方有长城，南方的湘西也有长城，就是为了抵御苗民侵扰汉民州县而修建的。清朝官方在西南地区奉行"以藩制藩"，希望众土司联合消灭势力最强的大金川，但事与愿违，情势恶化，大、小金川反而联合起来。

乾隆三十六年（公元1771年），事态终于不可收拾，四川总督阿尔泰奏请军队介入，否则大、小金川必将称霸一方。乾

第六章 "十全武功"

隆皇帝于是下令进兵剿灭，并要求将小金川土司首领僧格桑抓起来。乾隆认为只要五千士兵就可完成这项任务。

七月，四川提督董天弼率军进攻，但先胜后败。乾隆皇帝任命温福为定边副将军，率八旗兵前去参战，三路清军分别由温福、董天弼、阿尔泰率领进攻，初战告捷。到了乾隆三十七年（公元1772年）九月，清朝已经调集军队七万多人、火药五万公斤、子弹五百多万颗，终于在年底攻占了小金川的统治中心美诺，但僧格桑逃往了大金川。

乾隆皇帝改变了之前只消灭小金川的目标，要求消灭实力更为强大的大金川。乾隆三十八年（公元1773年）五月，清朝为了大金川战事已经调拨了两千四百万两白银，而库贮尚有七千余万两。当时正是清朝国力鼎盛时期，每年财政收入将近一亿两千万两白银。乾隆皇帝表示，一定要把大金川消灭掉，花多少钱都在所不惜。

大金川一带气候恶劣，山势险峻，冰雪覆盖，经常只有一条羊肠小道可供通行，因而清军即使人数再多也没用，施展不开。大金川军兵在险要隘口、悬崖绝壁上密布碉楼、石墙，内设枪炮，清军进攻极为艰难，每前进一步都伤亡惨重，常常被迫停滞不前。与此同时，小金川兵又趁机收复故地，致使清军前后受敌。

乾隆三十八年六月，清军的士气已经降到最低点，金川兵则勇敢顽强，突然奇袭清军的木果木大营，统帅温福左胸中枪战死，清军全面崩溃。多年以后，当时在金川前线的明亮向礼亲王昭梿回忆当时的情景："董公天弼（提督）、牛公天畀（总兵）、张公大经（总兵）等皆死之，师遂大溃。我兵自相践踏，终夜有声。渡铁锁桥，人相拥挤，锁崩桥断，落水死者以千计。吾方结营美诺，见溃兵如蚁，往来山岭间。"[1] 近两万人的清军战死四千余人，中高级军官战死一百五十名，剩余士兵则四处溃散。

乾隆皇帝认为木果木之战是清朝开国以来从未有过的惨败，这更激起了他一定要彻底消灭金川的雄心。他任命阿桂为定西将军、明亮为副将军，增兵两万余人。鉴于绿营兵战斗意志薄弱，新增队伍中八旗和蒙古兵占了近一半。此时金川前线已经集结了七万多人的清军，又加拨了三千四百多万两的军需。

清军仍旧先攻得而复失的小金川，因碉楼工事已被破坏，小金川很快就被占领。大金川土司索诺木一看这阵势，认为清廷是要举全国之力跟他拼命，于是赶紧投降。索诺木连续三次向清军请降，甚至将已病亡的僧格桑的尸体献出，但都被乾隆皇帝拒绝，他坚持要彻底消灭大金川。

经过一年八个月的残酷战斗，清军终于在乾隆四十年（公元1775年）八月攻下了大金川的重要据点勒乌围，阿桂红旗报捷，仅七日就将捷报送到正在木兰围场打猎的乾隆皇帝手上。

---

1 ［清］昭梿：《啸亭杂录》卷七。

第六章 "十全武功"

阿桂与明亮各率一路清军会攻大金川的最后据点噶喇依，苦战不休。第二年正月，索诺木跪捧印信，与兄弟、妻子及其大头人、喇嘛、大小头目两千余人出寨投降。至此，历时四年半的大、小金川之战终告结束。

将军阿桂为平定金川的第一功臣，被封为头等诚谋英勇公，副将军明亮被封为一等襄勇伯，参赞大臣海兰察被封为一等超勇侯。金川之战还升起了一颗灿烂的新星——傅恒之子、年仅二十三岁的福康安，他被封为三等嘉勇男。乾隆四十二年（公元1777年）四月，在紫禁城午门举行盛大的献俘礼，由福康安率将校押解俘虏，乾隆皇帝随后在瀛台亲自审讯，索诺木等四人被凌迟处死。

大、小金川之战以清朝完全的胜利而告终，但代价极其惨重。前后合计有十万大军，集结在方圆不过二百五十公里的偏僻之地，死伤数万；因物资运输极为困难，军费高达七千多万两白银，是整个乾隆年间代价最高昂的战争。与之相比，征服准噶尔的军费不过三千三百多万两白银。

金川战争可以说是乾隆皇帝执意发动的，是否值得，是功是过，基本上要由他一个人承担。那么这是否仅是乾隆皇帝个人好大喜功的产物呢？中国历代王朝对边远民族地区的统治基本上是羁縻制，其首领在名义上臣服于中央，接受如都督、知州、宣慰司等一类世袭的土官职位，定期纳贡，中央也会赐予价值远高于贡品的礼物，保持一种名义上的归属关系。与内地州县制的统治性质不一样，中央政府不干涉其内部事务，土官就是当地的"土皇帝"。清朝加强了对边远民族地区的统治。比如在蒙古地区实行盟旗制度，其内部虽然仍保留自治地位，但在行政、军事两方面已经由中央政府直接管理。又比如，在南方边远的民族地区，则推行改土归流，将很多地区的土官制改成内地的州县流官制，金川战争可以说是改土归流的又一个高潮和继续，改土的对象是川藏地区实力强大的土司。清朝原来的策略是以藩制藩，鼓励互斗，甚至默许、扶植弱小的土司来削弱强大的土司。结果发现事态不妙，不仅削弱不了，甚至还有被金川反噬的危险。而一旦金川统一了川藏地区，下一步就会威胁西藏，控制达赖喇嘛，随后便是蒙古不稳，大清帝国的统治基石就会松动。这是一个极其危险的信号——几乎是明朝末年建州女真崛起、成为一个强大帝国的翻版。这一切对于建州女真的嫡系后人来说再熟悉不过，因此作为一个深谋远虑的政治家，乾隆皇帝一定会不惜一切代价，将这种危险的苗头扼杀在摇篮里。

当然，乾隆皇帝不可能将这层意思晓谕天下，当臣下无法理解他一意孤行要征服金川时，他选择了一个委婉的方式表达了出兵征服金川的必要性。他说："难道朕不想舒舒服服地过日子吗？打仗这个事情，日夜操劳，你们以为朕喜欢打仗吗？有阵子董天弼没有送战报来，朕都睡不着觉，你们说这对朕能有什么好处？但是，西南'蛮夷'要作乱，就一定要趁早把这种

第六章 "十全武功"

动乱的苗头掐掉，不然终酿成大祸，不可收拾。"乾隆皇帝还以明朝末年坐视建州女真坐大的教训为戒，称一定要防患于未然，不能息事宁人，不能等到对方气候已成才想到要征讨，那就为时太晚了。因此，一定要趁着大清国全盛之时，把反对势力全部消灭掉，他之所以这么做，并不是自己喜欢穷兵黩武。

"十全武功"的虚与实：巩固西藏

平定准噶尔和新疆，乾隆皇帝志得意满，自认达到了人生的巅峰，认为自己已经是"千古一帝"了，不想在对缅作战中尝到了失败的滋味。

乾隆三十年（公元1765年），缅甸入侵中国云南边境，清军战败，但谎报军情，讳败为胜，结果被乾隆皇帝识破，云贵总督刘藻被降为湖北巡抚，参将何琼诏、游击明浩、守备杨坤因谎报军情被处死，大学士、正白旗汉军杨应琚调任云贵总督。此时入侵的缅军因疾病流行已经退走，杨应琚为了立功，奏请乾隆皇帝称木邦土司愿意归附，请求朝廷发兵。乾隆皇帝认为杨应琚当了多年的封疆大吏，办事可靠；同时也认为缅甸这个地方不是不可以征服的，因此动了出兵的念头。杨应琚再接再厉，又连续两次奏请发兵，乾隆皇帝终于首肯。

乾隆三十一年（公元1766年）九月，杨应琚率军攻入缅甸，结果遭到缅军的有力反击，清军大败退回。杨应琚虽然吃了败仗，却谎报军情称清军大胜，杀敌万人。但是被乾隆皇帝识破。杨应琚被逮捕回京，赐自尽。

此次对缅甸作战的失败，反而激起了乾隆皇帝的斗志：我大清正当全盛，连准噶尔、大小和卓都被收拾得服服帖帖，还灭不了小小的缅甸吗？所以一定要捣毁缅甸的老巢，杀了他们的头领，以扬大清国威！

乾隆皇帝随即任命傅恒的侄子明瑞为云贵总督，率军入缅。乾隆三十二年（公元1767年）十二月，由三千满族兵、两万两千绿营兵组成的清军分三路进攻缅甸。起初一路进展顺利，连破敌垒十六座、杀敌两千有余。明瑞身先士卒，被封为一等诚嘉毅勇公。因连日作战，武器、粮草供应不足，部下建议撤军，但明瑞坚持进军，因为乾隆皇帝的目标就是攻占缅甸首都，擒杀缅甸国王。清军一直攻到距阿瓦仅三十五公里的地方，但因粮草耗尽，只得退兵。数万缅军尾追，虽然清军反击杀死了四千缅军，但终因孤军深入，援军不到，军营被攻破。明瑞身受重伤，步行十公里，觉得自己不行了，就割下辫发，交给仆人回去报信，然后自缢而死。领队大臣扎拉丰阿、副都统观音保也都战死。乾隆皇帝听说明瑞战死后大怒，将多次催促却不敢前往救援明瑞军的额尔登额、提督谭五格逮至京师，亲自审问，以大逆之罪凌迟额尔登额，斩谭五格于菜市口，以祭奠明瑞及战死的将士。

第六章 "十全武功"

此一役由于轻敌，清军惨败，乾隆皇帝只得起用他的王牌——明瑞的叔叔、大学士傅恒为经略，阿里衮、阿桂为副将军，并拒绝了缅甸求和的要求，于乾隆三十四年（公元1769年）七月进攻缅甸。清军在取得一些胜利后，因对当地气候、地形不熟悉，士兵染病者众多，出兵时三万一千人，到十一月仅余一万三千人。眼见进攻阿瓦无望，清军屯兵于军事要塞老官屯下，但也久围不克。此时统帅傅恒身染重病，副将军阿里衮病故。最终，因当地气候恶劣，疾疫流行，死伤者众，无法深入，乾隆皇帝下令与缅甸和谈。持续四年的征缅之役最终以缅甸"奉表称臣，输诚纳贡"而结束；清军伤亡惨重，军费消耗达一千三百多万两白银，却一无所获。不久傅恒病亡。

缅甸没打下来，乾隆皇帝又想打安南（今越南）。乾隆五十三年（公元1788年），安南发生内乱，权臣阮岳、阮惠推翻了原来的郑氏王朝。两广总督孙士毅利用乾隆皇帝"兴灭继绝"的念头，为了个人立功封爵，发兵干涉。在占领安南国都后，孙士毅不听乾隆皇帝撤军的命令，结果被反击，大败而回。阮氏趁机表示臣服，乾隆皇帝为了避免征缅战争历史重演，顺势接受了请求，结束了战争。这场安南之役可以说是完全没有意义的，好在双方及时停止，避免重蹈征缅战争的覆辙。

进攻缅甸和安南都属于乾隆皇帝所谓的"十全武功"，但实际上都是虎头蛇尾，大败而归。在付出了巨大的代价和牺牲后，换来的仅仅是缅甸和安南表面上的臣服而已。

乾隆"十全武功"中，最晚的一项是乾隆五十五年（公元1790年）至乾隆五十七年（公元1792年）间两次平定廓尔喀的入侵。

安南之战结束不久，廓尔喀就入侵了中国西藏。廓尔喀位于今尼泊尔，与西藏隔喜马拉雅山脉相邻。因贪图西藏寺院的财物，廓尔喀于乾隆五十三年入侵并掠夺后藏。乾隆皇帝闻讯，派遣军队入藏，但钦差大臣巴忠与西藏当地的喇嘛擅自与敌谈和。两年后，因西藏地方政府无力偿还谈和的赔款，廓尔喀第二次入侵，抢劫札什伦布寺财物，至此擅自谈和一事败露，巴忠畏罪自杀。

乾隆皇帝决定不仅要击败入侵者，还要彻底征服廓尔喀，因此急召两广总督福康安入京，任命其为将军，海兰察、奎林为参赞，统兵入藏，并令福康安由青海前赴西藏。因军情紧急，乾隆皇帝限令福康安昼夜疾行，西宁到西藏的一千八百多公里路程，需四十天到达。此时正值隆冬，冰天雪地，在高寒的冰雪高原上急行军很艰苦，但福康安一路或轻骑或步行，如期到达西藏。

经过五个多月的激战，清军收复了全部西藏失地，并于乾隆五十七年六月，翻越喜马拉雅山，攻入廓尔喀境内，清军一路节节胜利，深入境内达三百五十余公里，离其首都阳布（今尼泊尔加德满都）仅数公里；廓尔喀顽强抵抗，双方死伤惨重。

第六章 "十全武功"

此时已经入秋，不久就要大雪封山，清军如果不能及时结束战事，后路就会被切断，陷入全军覆没的险境。廓尔喀多次乞和，表示臣服，送物资犒劳清军，并答应归还抢劫的西藏财物，乾隆皇帝于是决定撤军。

击败了廓尔喀后，乾隆皇帝决定加强对西藏的管理，此前西藏的事务大多由达赖喇嘛与噶布伦[1]商同办理，并不向驻藏大臣报告。乾隆皇帝规定，以后所有事务都要由驻藏大臣与达赖喇嘛商同办理，而噶布伦只是他们的下属，并明令驻藏大臣与达赖喇嘛、班禅额尔德尼地位平等，驻藏大臣如伊犁将军统辖伊犁、喀什噶尔参赞统辖回疆一样，代表中央政府统治西藏。

由于达赖喇嘛、班禅额尔德尼等众多活佛在西藏、蒙古地区地位极其崇高，也拥有很多财富，因此西藏、蒙古贵族都想让自己子孙充当他们的"呼毕勒罕"[2]，以至于"亲族姻娅，递相传袭，总出一家，与蒙古世职（世袭爵位）无异"，这很容易导致拥有政治、经济特权的贵族通过转世又掌握了宗教权力，政教合一，威胁清朝对蒙、藏地区的统治。针对这一情形，乾隆皇帝决定创立"金瓶掣签"制度加以改变，规定今后达赖喇嘛、班禅额尔德尼与活佛的转世灵童将从多个人选中产生。具

---

[1] 官名，总办西藏行政事务。
[2] 蒙语"转世"的音译。

体做法是将人选的姓名写在签上，放在金奔巴瓶内，由驻藏大臣与达赖喇嘛当众抽取。金奔巴瓶有两个，一个存放在拉萨大昭寺，负责青藏地区的活佛转世；一个存放在京城雍和宫，专供蒙古地区大活佛转世。这样就从根本上杜绝了蒙、藏活佛的私相授受，而将决定权掌握到了中央政府手中。"金瓶掣签"、驻藏大臣、西藏驻军，从宗教、政治、军事三方面确立了清朝对西藏的完全控制与管理。

乾隆五十八年（公元1793年），福康安和驻藏大臣和琳等人根据乾隆皇帝关于西藏管理的一系列指示，拟定了《藏内善后章程》，并以此为基础颁布了《钦定西藏章程》二十九条，正式确立了"金瓶掣签"制度。除此之外还规定，驻藏大臣与达赖喇嘛、班禅额尔德尼地位平等，共同管理西藏；外国人来西藏必须登记，并呈报驻藏大臣；达赖喇嘛和班禅额尔德尼的财政需经驻藏大臣审核；西藏货币由白银铸造，铸"乾隆宝藏"字样；藏军征调名册要呈送驻藏大臣衙门；驻藏大臣每年春、秋二季出巡前后藏，检阅军队；等等。《钦定西藏章程》标志着清朝对西藏的管理已经与对蒙古诸部的管理无异。

乾隆皇帝对于黄教的认知是非常透彻的。乾隆五十七年，他亲自撰写了《喇嘛说》，刻碑于京城雍和宫。他首先追溯了黄教的源流，并解释了清朝任命达赖喇嘛、班禅喇嘛统领中外黄教的原因。乾隆皇帝反复强调清朝兴黄教是为了"安众蒙古"，而并非像元朝那样"谄敬番僧"；他自己并不相信活佛

第六章 "十全武功"

转世制度,承认转世只是一种政治手段,用以笼络数万喇嘛,根本上还是为了安抚蒙古。

满蒙联盟是清朝统治最重要的基石,因此,乾隆皇帝恢复了雍正年间中断的"木兰秋狝"制度。乾隆六年(公元1741年),乾隆皇帝仿效康熙皇帝,开始了他第一次的"木兰秋狝",此后几乎年年都举行,总共达五十二次。他在避暑山庄度过的时间总计超过十年,甚至直至去世前的几个月,八十九岁的乾隆皇帝以太上皇帝的身份最后一次巡幸了避暑山庄,接见了蒙古各部王公,只是因年高而未行围。与康熙皇帝一样,乾隆皇帝举行"木兰秋狝"的目的一是借围猎演习锻炼军队,保持满族人骑射的家传本领;二是怀柔蒙古,"至巡行口外,按历蒙古诸藩,加之恩意,因以寓怀远之略,所关甚钜"[1]。

可以看出,乾隆皇帝是非常注重对西藏、青海、蒙古以及新疆等地的控制和管理的,他不仅巩固了新疆的广大疆域,还把西藏、青海等地区纳入中央政府的直接管辖之下。在某种程度上我们可以说,乾隆皇帝在位期间,对中国版图的形成,对于维护中国的领土统一与完整是有大功的。

---

[1]《承德府志》卷首。

图书在版编目（CIP）数据

征战：大清帝国的崛起／侯杨方著．—成都：天地出版社，2022.4
（侯杨方讲清史）
ISBN 978-7-5455-6945-2

Ⅰ．①征⋯ Ⅱ．①侯⋯ Ⅲ．①中国历史—研究—清代 Ⅳ．①K249.07

中国版本图书馆CIP数据核字（2022）第007443号

ZHEGNZHAN:DAQING DIGUO DE JUEQI
征战：大清帝国的崛起

出 品 人	陈小雨　杨　政
作　　者	侯杨方
责任编辑	武　波
封面设计	东合社—安宁
责任印制	董建臣

出版发行	天地出版社
	（成都市锦江区三色路238号　邮政编码：610023）
	（北京市方庄芳群园3区3号　邮政编码：100078）
网　　址	http://www.tiandiph.com
电子邮箱	tianditg@163.com
经　　销	新华文轩出版传媒股份有限公司

印　　刷	北京文昌阁彩色印刷有限责任公司
版　　次	2022年4月第1版
印　　次	2024年3月第5次印刷
开　　本	880mm×1230mm　1/32
印　　张	9
字　　数	187千字
定　　价	48.00元
书　　号	ISBN 978-7-5455-6945-2

版权所有◆违者必究

咨询电话：（028）86361282（总编室）
购书热线：（010）67693207（营销中心）

如有印装错误，请与本社联系调换

从古希到文学，分章人类智慧

天壹文化